知っていればもっと楽しめる

# ニューヨーク旅行術

ガイドブックに載らない
**達人の知恵 55**

長峰 愛 著

メイツ出版

# ✪ Contents

目次 ……… 2　　はじめに ……… 4

## 🇺🇸 第1章　ニューヨークという街の基本を知る

**コツ1**　マンハッタンだけじゃない！　NYCを構成する5つのエリア ……… 6
ニューヨーク年間カレンダー ……… 8
**コツ2**　世界一エキサイティングな魅力にあふれた街ニューヨーク ……… 10
**コツ3**　スピーディーな時間軸で動く"ニューヨーカー"気質 ……… 12
**コツ4**　治安の悪さは劇的に改善され、比較的、安全となったNY ……… 14
**コツ5**　現金よりもカード社会のNY。チップは支払うのがマナー！ ……… 16
**コツ6**　Wi-Fiはネット接続の頻度と滞在期間によって選択を ……… 18
**コラム**　ニューヨークで生活する上で知っておきたい、文化のあれこれ
　　　　〜結婚式の費用はすべて花嫁もち〜 ……… 20

## 🇺🇸 第2章　空港到着からホテルまで

**コツ7**　空の玄関口はJFKをはじめ、3つあるので間違わないように！ ……… 22
**コツ8**　旅行前の第一関門となるESTA（エスタ）の取得について ……… 24
**コツ9**　空港から市内へのアクセスは様々な交通手段がアリ！ ……… 26
**コツ10**　日本と同じと思うなかれ！　探すのに苦労するトイレ問題 ……… 28
**コツ11**　星の数ほどあるホテルは目的に合わせて上手に選ぼう ……… 30
**コツ12**　ニューヨーカー気分を満喫！　暮らすように旅できる民泊 ……… 32
**コラム**　ニューヨークで生活する上で知っておきたい、文化のあれこれ
　　　　〜コインランドリーと言えばLandromat〜 ……… 34

## 🇺🇸 第3章　交通を使いこなそう

**コツ13**　地下鉄を使いこなせば、あなたもニューヨーカーに！ ……… 36
**コツ14**　車窓の景色が見れるのが◎　意外と便利なバスの乗り方 ……… 38
**コツ15**　もはやニューヨークの名物"イエローキャブ"活用術 ……… 40
**コツ16**　近郊エリアへ足を延ばすなら鉄道＆長距離バスを利用 ……… 42
**コツ17**　マンハッタンの運転は難しいが郊外への旅には◎のレンタカー ……… 44
**コラム**　ニューヨークで生活する上で知っておきたい、文化のあれこれ
　　　　〜家賃の高いNY、ルームシェアは当たり前〜 ……… 46

## 🇺🇸 第4章　刺激的な街NYの歩き方

**コツ18**　Ave.とSt.を理解すれば、街歩きはよりスムーズに！ ……… 48
**コツ19**　ニューヨークのシンボル、自由の女神を徹底攻略！ ……… 50
**コツ20**　世界に誇るMoMA&MET、NYの二大美術館をまわろう ……… 52
**コツ21**　有名どころだけじゃない！　個性豊かなNYのミュージアム ……… 54
**コツ22**　ニューヨーカーのオアシス　マンハッタン公園巡り ……… 56
**コツ23**　ニューヨーカーはよく歩く！　マンハッタン散歩のススメ ……… 58
**コツ24**　写真スポットと言えばココ！　"橋"から眺めるマンハッタン ……… 60
**コラム**　NY市民に愛される島　4選 ……… 62
**コツ25**　ニューヨーク名物"摩天楼"　高層ビルあれこれ ……… 64
**コラム**　テーマ＆エリア別！　NYの歩き方＠ブルックリン（Brooklyn）
　　　　〜工場跡地など、この地区の歴史に触れる旅〜 ……… 66

## 🇺🇸 第5章　エンタメ＆スポーツを楽しむ

**コツ26**　世界の流行発信地NYでは情報はこう集める！ ……… 68

コツ27　これを観ずには帰れない！　ブロードウェイ観賞のコツ……70
コツ28　旅行前？　公演直前？　ブロードウェイチケット入手法……72
コツ29　憧れのメジャーリーグを満喫　「NYヤンキース」観戦の掟……74
コツ30　ジャズの聖地ニューヨークで本場の音に酔いしれる……76
コツ31　目で、耳で、肌で感じる迫力！　生のゴスペル体験に行こう……78
コツ32　マンハッタンを自転車でまわる"サイクリング観光"に挑戦！……80
コツ33　映画に、ヨガに、英会話！　無料で楽しめるアクティビティ……82
**コラム**　テーマ＆エリア別！　NYの歩き方＠アップステート（Upstate）
　　　　～アート＆アンティークに触れる旅～……84

## 第6章　幅広いグルメを堪能

コツ34　NYのレストラン事情で知っておくべき基本のルール……86
コツ35　アメリカングルメの二大定番　ハンバーガー＆ステーキ……88
コツ36　困ったときの強い味方！　チャイナタウンへGO……90
コツ37　NYグルメの醍醐味！　味も雰囲気も様々な各国料理……92
コツ38　集結した人気店の味を食べ比べできるフードコート……94
コツ39　野菜が足りないと感じたら、意識高い系サラダでヘルシーに……96
コツ40　IDチェックにハッピーアワー、NYでお酒を楽しむコツ……98
コツ41　ニューヨーク、街を歩けば、至る所にコーヒーショップ……100
コツ42　朝食だけじゃもったいない！　カフェ＆ダイナー利用法……102
**コラム**　ニューヨークのマストスイーツ　8選……104
コツ43　難易度高い注文に戸惑うなかれ！　NY名物ベーグル攻略法……106
コツ44　＄1ピザにベンダーフード、B級グルメを食べつくそう！……108
**コラム**　テーマ＆エリア別！　NYの歩き方＠クイーンズ（Queens）
　　　　～インスタ映えする写真を撮る旅～……110

## 第7章　NY流ショッピングのコツ

コツ45　買い物天国ニューヨークでお得に賢く買い物する方法……112
コツ46　庶民派から超高級店まで！　個性際立つデパートあれこれ……114
コツ47　オフ・プライス店はもちろん、祝日に合わせたセールも必見！……116
コツ48　NYでお得に買うなら、このアメリカンブランドを狙え……118
コツ49　ニューヨーカーの必需品！　軽くて丈夫なトートバッグ……120
コツ50　お土産探しから簡単ごはんまで！　行く価値大なスーパー活用術……122
**コラム**　ばらまきアメリカ土産　8選……124
コツ51　Tシャツなどの NY土産はミッドタウンで買うなかれ！……126
コツ52　骨董品から食べ物まで！　多種多様なマーケットへ行こう！……128
**コラム**　テーマ＆エリア別！　NYの歩き方＠ブロンクス（The Bronx）
　　　　～ヒップホップの聖地を巡る旅～……130

## 第8章　ちょっと足を延ばして　NYからのショートトリップ

ナイアガラの滝……132　／　アトランティックシティ……133
ボストン……134　／　フィラデルフィア＆ランカスター……135
現地ツアーに参加するならPart1　クルージングツアー……136
現地ツアーに参加するならPart2　オーロラツアー……137
コツ53　NY以外も魅力ある街が多数！　アメリカ各都市へのアクセス……138
コツ54　NYから行く近隣国・シティ編　大注目のキューバ＆メキシコ……140
コツ55　NYから行く近隣国・ビーチ編　プエルトリコ＆ジャマイカ……142

※この本で紹介している情報は2018年12月15日現在のものです。内容が変更される場合もあります。
なお、本書に掲載された内容による損害などは弊社では補償しかねますので、予めご了承ください。

# はじめに

　世界の金融、商業の中心地でありながらも、世界各国の文化が混じり合うニューヨーク。そんな刺激的なエンターテイメントにあふれたこの地を私が最初に訪れたのは10年前でした。ニューヨークに恋焦がれてというわけではなく、友人が住んでいたからという気軽な気持ちからでした。しかし、初めてマンハッタンを歩いたとき、すべてが新鮮でパワフルで「こんなに魅力的な街を今まで知らなかったなんて！」と一気にハマってしまいました。

　日本に帰ってからもニューヨーク熱は冷めず、また行きたいと思いを巡らせていたため、ニューヨークについて初めていろいろ調べ出したのですが、意外にもあんなに楽しかった滞在で「見逃していたマストスポットがたくさんあったこと」「金銭的にも時間的にも効率的にまわっていなかったこと」に改めて気がつきました。

　自分自身の苦い経験から、その後、何度もニューヨークを訪れ、今では住むまでになったニューヨークの街の魅力を、旅行者の方にはできる限り先に知った上で存分に楽しんでほしいと思うようになりました。観光地の例でいえば、自由の女神やハイライン、美術館などももちろん外せませんが、移民の街で築きあげられたローカルなニューヨークも散策してみてください。きっとユニークな街並みの発見やフレンドリーなニューヨーカーとの出会いがあることでしょう。そこで、執筆にあたっては当時の自分を思い返して、初めてニューヨークに来る方でも暮らすように旅できるように、知っておきたかった情報をコツとして詰められるだけ詰め込みました。一度ニューヨークを訪れた方がまた戻って来たいと思ってもらえたら、とてもうれしいです。

　それでは素敵なニューヨーク旅行を。Have a nice trip！

長峰　愛

# 〔第1章〕
# ニューヨークという街の基本を知る

# マンハッタンだけじゃない！
# NYCを構成する5つのエリア

ニューヨークシティ（New York City通称NYC）はアメリカ合衆国の東海岸に位置するニューヨーク州の都市。面積は約1200㎢。もっともメジャーなマンハッタンだけでなく、ブルックリン、クイーンズ、ブロンクス、スタテンアイランドという5つの区から構成されています。まずはそれぞれの区の特徴をつかみましょう。

## ✪ ブルックリン
## （BROOKLYN）

ニューヨークに来たら、マンハッタンではなくあえてブルックリンに泊まるという人もいるほど、旅行者からの株が上がっている街。ダンボ、ウィリアムズバーグ、ブッシュウィックなどブルックリン内にホットなスポットも点在。おしゃれエリアとして注目が集まっている。

## ✪ スタテンアイランド
## （STATEN ISLAND）

マンハッタンとはスタテン・アイランド・フェリーという無料フェリーで結ばれており、ブルックリンやお隣のニュージャージー州とは橋で結ばれている。人口は5区の中でもっとも少なく、イタリア系移民の率が高い。現在、世界最大の観覧車となる予定のニューヨーク・ホイールを建設中だが、今のところ目立った観光地はなく、主に居住地域として利用されている。

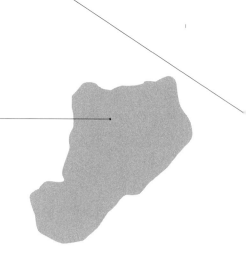

■ 第1章 ニューヨークという街の基本を知る

## ❂ マンハッタン（MANHATTAN）

国連本部や金融街で有名なウォール街がある他、エンタメやアート、流行の発信地でもあり、ニューヨークの代名詞とも言える区。土地の価格が非常に高く、ホテルや家賃も日本と比べて高い。

## ❂ ブロンクス（THE BRONX）

旅行者にとってはあまりなじみのないエリアになるが、ヤンキースタジアムまたはブロンクス動物園や植物園はここブロンクスにあり。ラテンアメリカ人やアフリカ系アメリカ人が多く居住している地域でもある。

## ❂ クイーンズ（QUEENS）

5区の中でもいちばん面積の広いクイーンズは、ギリシャ系や南米系、南アジア系などの移民が多く住んでいて、アメリカでもっとも民族的多様性に富む街と言われている。またニューヨーク近郊の3大空港である、ジョン・F・ケネディ空港と、国内線で主に利用するラガーディア空港がある他、テニスの全米オープンもここクイーンズが会場になっている。

# 🇺🇸 ニューヨーク年間カレンダー

| | アメリカ政府が定める祝日 | イベント |
|---|---|---|
| **1月** January ジャニュアリー | 1日　New Year's Day(元旦)<br>第3月曜　Birthday of Martin Luther King, Jr.(キング牧師の日) | 中旬　Restaurant Week<br>(レストランウィーク) |
| **2月** February フェブラリー | 第3月曜　Washington's Birthday<br>(ワシントン大統領誕生日) | 14日　Valentine's Day<br>(バレンタインデー) |
| **3月** March マーチ | | 17日　St. Patricks Day<br>(セントパトリックデー) |
| **4月** April エイプリル | | Easter(復活祭)★ |
| **5月** May メイ | 最終月曜　Memorial Day<br>(戦没将兵追悼記念日) | 第2日曜　Mother's Day<br>(母の日) |
| **6月** June ジューン | | 第3日曜　Father's Day(父の日)<br>夏至近くの土曜　Mermaid Parade★<br>(マーメイドパレード) |
| **7月** July ジュライ | 4日　Independence Day<br>(独立記念日) | 中旬　Restaurant Week<br>(レストランウィーク) |
| **8月** August オーガスト | | 下旬　US Open<br>(全米テニスオープン) |
| **9月** September セプテンバー | 第1月曜　Labor Day<br>(レイバーデー) | 初旬　Brazilian Day<br>(ブラジリアンデー) |
| **10月** October オクトーバー | 第2月曜　Columbus Day<br>(コロンバスデー) | 31日　Halloween<br>(ハロウィーン) |
| **11月** November ノーベンバー | 11日　Veterans Day(復員軍人の日)<br>第4木曜　Thanksgiving Day<br>(感謝祭) | 第1日曜　New York City Marathon<br>(ニューヨークシティマラソン)<br>第4金曜　Black Friday<br>(ブラックフライデー) |
| **12月** December ディッセンバー | 25日　Christmas Day<br>(クリスマス) | 31日　Times Square New Year's Eve Ball Drop<br>タイムズスクエアの大晦日 |

★は年によって日が移動する祝日やイベント

# 第1章 ニューヨークという街の基本を知る

| 知っ得情報 | NYの気温 | |
|---|---|---|
| 夏と冬の年に2回行われるレストランウィークでは、普段は行けないような高級レストランのメニューをお手ごろ価格で楽しめる | 4℃／-3℃ | **1月** January ジャニュアリー |
| アメリカのバレンタインデーでは男性から女性に贈りものをするのが一般的。また義理チョコなどの文化はあまり見られない | 9℃／1℃ | **2月** February フェブラリー |
| セントパトリックデーはアイルランドのお祭り。ニューヨークでみんな緑色の服や帽子を身につけて、パブで盛り上がっているため、街全体が緑色に | 16℃／6℃ | **3月** March マーチ |
| イースター近くになると、スーパーや薬局でもうさぎをモチーフにしたグッズや、家の庭に隠した卵を探し当てる「エッグハント」用のカラフルなおもちゃの卵を販売 | 16℃／6℃ | **4月** April エイプリル |
| メモリアルデーは土日と合わせて3連休になることからアウトドアに出かける人も多い | 22℃／12℃ | **5月** May メイ |
| コニーアイランドで行われる夏の始まりを祝うマーメイドパレードは一風変わったユニークさで、名前の通り、人魚の仮装をしている人もいる | 26℃／17℃ | **6月** June ジューン |
| 独立記念日には、コニーアイランドでホットドッグ早食い競争が行われる他、各地で花火が行われる | 29℃／20℃ | **7月** July ジュライ |
| 全米テニスオープンの会場はクイーンズのUSTAナショナル・テニスセンター | 28℃／20℃ | **8月** August オーガスト |
| ミッドタウンにあるブラジル人街で行われるブラジリアンデーでは、鉄製の串に豪快に突き刺されたお肉やアサイーデザートも販売される | 24℃／16℃ | **9月** September セプテンバー |
| ハロウィーンの夜に行われる仮装パレードは、コスチュームを着ていれば誰でも無料でパレードに参加することができる | 18℃／9℃ | **10月** October オクトーバー |
| メイシーズが主催する感謝祭パレードは毎年テレビ中継される他、次の日のブラックフライデーは街中がセールに。夜中から並ぶ人も多い | 12℃／5℃ | **11月** November ノーベンバー |
| クリスマスはほとんどの店がお休みなので注意が必要。アメリカのクリスマスはカップルというより家族で過ごす人が多い | 7℃／-1℃ | **12月** December ディッセンバー |

# 世界一エキサイティングな魅力にあふれた街ニューヨーク

## ★ アメリカンドリームを体現できる街

経済、商業、ファッション、エンターテイメント、カルチャーなど**あらゆるものの最先端を行く街、ニューヨーク**。次々と完成していく最新のビルのすぐ隣でどっしりと構えるアール・デコ様式の建物など、新旧が絶妙なバランスで共存する様を見ていると、人や建物、カルチャーなど、他に類を見ないあらゆる要素の融合がこの街を創り出していると思わざるを得ません。

ちなみに、**私たちがイメージする「ニューヨーク」はニューヨーク市、とりわけマンハッタンのことを示すことが多く、**この本でもマンハッタンを中心に紹介していますが、実際ニューヨーカーが住んでいるのはクイーンズやブルックリン、あるいはニュージャージー州やニューヨーク郊外であることも多いです。そのあたりは、東京と似ているかもしれませんね。

世界の金融の中心とも言えるNYの証券取引所。通称「ビッグ・ボード」

## ★ 世界中から人が集まる"多様性"の社会

人種のるつぼと言われているニューヨークでは、**世界中から夢や目的をもった人たちが集まり、エネルギッシュなパワーにあふれて**います。人種、宗教、文化、国籍などが異なる人が集まった多民族都市と言えますが、みんなそれぞれの文化を大事にしながらも、他

第1章　ニューヨークという街の基本を知る

国の習慣や儀式も好意的に受け入れています。まさにニューヨークは「ダイバーシティ」という言葉にふさわしい多様性の社会となっているのです。

## ハグ＆キスの文化は親愛を表す

日本にはない海外式挨拶「**ハグや軽いキスの文化**」は、私がニューヨークに住み始めて戸惑ったことのひとつ。男性同士の場合は、初対面だと握手、友人同士ではハグが多いですが、女性同士、もしくは男女の場合は初対面だと握手もしくはハグ、友人同士だとハグかハグ＆キスをよく見かけます。こちらでは当たり前のカジュアルな文化ですが、慣れていないとなかなか戸惑ってしまいます。例えば、頬へのキスも音だけの場合がほとんどなのですが、リアルにキスされる場合もあります。

ちなみに、**ハグは久々に会ったときの喜びや別れるときの寂しさを表現するものなので気持ちがこもるのが当たり前**。そうなると必然的に力も入るらしく、軽くハグすると「ハグが軽すぎて、薄っぺらく感じる」と言われてしまいます。リアルなニューヨーカーを目指すなら心のこもったハグを心がけてみましょう。

### 耳よりコラム

#### 日本人の「おじぎ」が気になる?!

世界的なトレンドになっている日本文化。ここニューヨークでも様々な日本食の店が増えているだけでなく、マンガや禅などの文化も浸透しています。それもあってか、日本人が「Nice to meet you」と英語で挨拶していても「おじぎしないの？」と聞かれることがあります。むしろ挨拶をした際に、こちらがおじぎをするのを待っている感も否めません。アメリカ人から見るとそれくらいに興味をそそられる文化のようです。

## コツ 3 NYC
# スピーディーな時間軸で動く "ニューヨーカー"気質

### ⭐ ひと言でニューヨーカーと言えども……

　ニューヨーク滞在中、店員さんやタクシー運転手など様々な「ニューヨーカー」を目の当たりにするわけですが、みなさん、どのようなイメージをお持ちでしょうか。いろいろ見解があると思いますが、ここでは**いったん「ニューヨークで暮らす人」**と定義し、私が感じたニューヨーカーについて少し説明をしましょう。

　まず「アメリカを感じたいなら、ニューヨーク以外の都市に行け」という言葉がその通りだなとうなずけるほど、**ニューヨークは移民であふれています**。もちろん、生粋のニューヨーカーもいますが、ほとんどは親、または祖父母の世代から移り住んできたと聞くことが多いです。まさに"人種のるつぼ"。しかし、そのおかげで、ニューヨークでは世界各国の料理が手軽に食べられますし、いろいろな国の友人を作ることができます。ニューヨークに来て、世界がすごく身近に感じられたことは、ここで得られた貴重な経験のひとつと言えるでしょう。

### ⭐ ニューヨーカー気質とは?

　マイナスの意味ではなく、**ニューヨーカーは「他人に無関心」**です。**自分の着たい服を着て、自分の生きたいように生き、他人の目は気にしません**。自分たちが自分たちのやりたいようにしている分、他人にも口出しはしません。一種の包容力と思えるほど、ニューヨーカーは文化の違いを尊重しあってこの街で生きています。ま

■ 第1章 ニューヨークという街の基本を知る

た、年齢に関しての考えも日本と異なります。「何歳だから結婚しなきゃ」「年甲斐のない格好」なんてことは誰も口にしませんし、40代からの仕事のキャリア変更もよくあることです。

同時に**ニューヨーカーは自分の意見をはっきりと言います**。調和(ハーモニー)を大事する日本人とは対照的です。旅行中はレストランやショップなど、いろいろな場面でニューヨーカーと話す機会があると思いますが、例えば、洋服屋さんである服をすすめられても、ハッキリと「気に入らない」と言わなければ、店員さんはその後もグイグイ押してきます。そこでハッキリ「No」と言ったところで嫌な気分にさせることはないので、**意志表示をはっきりさせて自分の意見を伝える**ことが大事なのです。

## ★ 歩くのが速い！ スピーディーな時間軸

その他のニューヨーカーの特徴といえば、**彼らは歩くのもしゃべるのも速い**ということ。とくにマンハッタンはそれが顕著に感じられる街。**何においてもペースが速いというのは、ニューヨークという街がそうさせている**のかなとも思います。ニューヨークに住んでいると、たった1年間で自分の環境も含め、街の風景もどんどん変わっていきます。そのスピード感からか、生き急ぐわけではないけれど、毎日を大切に過ごしたいと思うようになりました。ニューヨーカーの「スピードの速さ」は、一瞬一瞬を全力で生きている証拠なのかもしれませんね。

会話スピードも速いので、聞き取れない場合はきちんと聞き直そう

# 治安の悪さは劇的に改善され、比較的、安全となったNY

## ⭐ ひと昔前のイメージから一新

　ニューヨークに渡り、クイーンズ、マンハッタンと転々としましたが、住んでみて思ったのは「治安面は日本と変わらないな」ということ。しかし、それも近年のことで1980年代のニューヨークは犯罪も多く、地下鉄に乗ることですら危険と隣合わせでした。

　その後、1990年代に当時の市長が治安改善に努めたこともあり、今では治安面が劇的に改善したと言われています。アメリカは銃社会と言われていますが、実際、銃に関わる事件に遭遇したことは一度もありませんし、まわりの友人からも聞いたことがありません。日々の暮らしの中で危険を感じることはまずなく、安全大国と言われる日本と同レベルと感じるほど、比較的、安全な都市へと変貌を遂げたのです。

## ⭐ 自分の身を守るために気をつけること

　いくら安全と言えども注意点はいくつかあります。夜遅く、まわりに人がいない中、一人で歩くのはもちろん危険です。そういう状況を防ぐためにも、「へんぴな場所には行かない」「できるだけ明かりのあるところを通る」「人のいる場所を歩く」など基本的なことはもちろん、自分の身を守るために、右記に挙げるようなことは心得ておきましょう。

■ 第1章 ニューヨークという街の基本を知る

**夜中に地下鉄に乗らない** ▶▶ ニューヨークの地下鉄は24時間運行ですが、夜中に乗るのは避けましょう。夜中はどうしても車両にも駅構内にも人が少なくなります。それだけで危険のリスクが高まる上に、車両に自分と誰かが二人っきりという状況になるとより危険です。このような状況になってしまった場合、相手が悪い人とは限りませんが、昼でも夜でも万が一を考え、次の駅で人のいる車両に即座に移りましょう。

**おかしな人に近づかない** ▶▶ 地下鉄の駅構内や道端などで、酒に酔っているホームレスを見かけることがあります。ひどいときには大声で叫んでいたりすることも……。こういう場合は「近づかない、目を合わせない」が基本。触らぬ神にたたりなしです。

**スリに気をつける** ▶▶ 盗難については、日本よりニューヨークの方が多いようです。私もレストランのテーブルに携帯を置き忘れてしまい、その後すぐ戻ったら、もうありませんでした。盗難に遭うと、保険の申請のために警察署へ行くなどの面倒が増えます。貴重品はバッグの外ポケットやズボンのポケットなどの見える場所ではなく、チャック付きのバッグの中などにしっかりしまいましょう。

> **❗ ここに注意！**
>
> ### ニューヨークのタバコ事情
>
> ニューヨークはスモークフリー（無煙環境）が進んでいるため、飲食店や公共施設はほぼ禁煙となっています。なので、必然的に喫煙者は外で吸うことになります。ただ、ニューヨークでのタバコの価格は一箱約＄13とかなり高いため、外で吸っていると「タバコを1本くれないか」と求められることがよくあります。断る場合は「No（嫌です）」と言ってもよいですが、「Sorry, this is the last one（ごめんなさい、これが最後の1本なんです）」と返すとスマートな対応になります。

# 現金よりもカード社会のNY。
# チップは支払うのがマナー！

## ★ クレジットカードが浸透した社会

　ニューヨークは**アメリカ合衆国内なので、通貨は＄（ドル）**となります。ただし、**ニューヨークはカード社会**なので、現金をほとんど持ち歩いていない人も少なくありません。大きな買い物はもちろんのこと、デリやスーパーなどで買う＄10以下のものもカードで購入できるからです。ただ、路上でコーヒーや菓子パンなどを販売しているベンダーと呼ばれるトラックや小さな個人商店で買うときは現金での支払いになりますし、少額のチップもあるので、**現金もある程度は持参するほうがよい**でしょう。両替ですが、市内の両替所はレートが悪いため、日本円からドルへの換金は日本の銀行、または空港で済ませることをおすすめします。

## ★ カードでの支払いの注意点

　クレジットカードで支払う場合、**よく聞かれるのが「Debit or Credit?（デビットカードにしますか？ それともクレジットカード？）」という言葉**です。このDebitというのはアメリカではよく使われている支払い方法で、銀行口座から引き落としされるシステムです。聞かれたときは、「Credit, please（クレジットカードでお願いします）」と伝えましょう。機械にカードを通したら、CreditかDebitかをボタンで選択するところもあります。

　なお、最後に署名をすることもありますが、**最近は暗証番号の入力のみのパターンがほとんど**です。必ず出発前に自身の暗証番号の

■ 第1章 ニューヨークという街の基本を知る

確認をしておきましょう。また、ごくたまにクレジットカードで支払いをしようとしたら、「ID（身分証）を見せてください」と言われることも。そんなときは、パスポートを提示しましょう。

## ★ チップに関する基礎知識

**アメリカでのお金にまつわる慣習、それがチップ**です。ニューヨークではチップは飲食店スタッフの給料の大半を占めると言われているほどなので、払わないというのはマナー違反になります。

基本的に**飲食店でのチップは15〜25％が妥当**と言われています。クレジットカードで支払いの場合、レシートに料金（Amountと表示）があり、その下にTip（チップ）とTotal（合計金額）を書き込む欄があります。レシートによっては計算機を使って計算しなくていいように18％、20％、22％とそれぞれのチップの金額が書かれているものもあります。このチップの計算ですが、計算機をわざわざ出さなくても簡単にできる方法があります。レシートにTax(税金)が書かれており、ニューヨーク市の地方税は8.875％のため、**それを2倍にして少し上乗せするとだいたい20％になるのです**。覚えておきましょう。

レシートにチップの目安が表示されているものもある（画像は一例）

### チップの価格の目安一覧

| | | | |
|---|---|---|---|
| **レストラン** | 飲食代の15〜25％ | **タクシー** | 運賃の10〜15％ |
| **バー** | 1ドリンクに対し$1 | **ヘア＆スパサロン** | 施術の10〜15％ |
| **ホテルのポーター** | 荷物1つに対し$1 | **ホテルの枕銭** | ベッド1つに対し$1 |
| **ガイドツアー** | $5〜10 | **クロークのコート** | $1 |

## コツ 6 NYC

# Wi-Fiはネット接続の頻度と滞在期間によって選択を

### ⭐ 無料Wi-Fiは街のあちこちで接続OK

ニューヨークのWi-Fi選択としては、①**無料Wi-Fiを使う**、②**日本でレンタルする**、③**現地でシムカードを入れ替えて海外携帯としてWi-Fiを使用する**、の3種類がありますが、旅行日程や予算、使用頻度に応じて決めることをおすすめします。

まず、ニューヨーク市内では公共の美術館、博物館、公園、スターバックスにマクドナルドなど、至る所で無料Wi-Fiを使うことができます。接続方法は施設によって異なりますが、主にパスワードやメールアドレスを入力したり、同意画面を承認すれば使えるようになることがほとんど。最近では**「LinkNYC」と呼ばれる無料スポットがニューヨーク市内、とくにマンハッタンでは充実**していて、現在は1700以上のLinkNYCが設置されており、今後も増設中です。公式HPにはステーションの場所を示したMAPもあるので参考にするとよいでしょう (https://www.link.nyc/)。ただ、ますます便利になる一方で、無料のWi-FiということからLinkNYCの付近に座っているホームレスなども多々見かけます。安全面での不安もあるため、緊急時以外はスターバックスなどのカフェを探した方が、気持ち的にも落ち着いて使用できるのでよいでしょう。

これがLinKNYCのステーション。街中のあちこちで見かける

■ 第1章　ニューヨークという街の基本を知る

## ★ 到着後すぐ使えるレンタルルーター

　ニューヨークを旅行する際、日本からWi-Fiルーターをレンタルするかしないか悩むところだと思うのですが、あると便利なのも事実です。まず最初にレンタルルーターのありがたさを感じるのが空港です。ほとんどの空港では無料Wi-Fiを使用することができないため、**空港に着いてすぐにネット接続したい場合はレンタルルーターが役立ちます**。例えば、Uberを使って市内に移動するとき(P27)、ネットに接続してアプリを開き、Uberを呼ぶ必要があります。その他、無料Wi-Fiスポットはその場から移動してしまうと接続が切れてしまうため、地図代わりとして携帯を使用することができませんが、Wi-Fiをレンタルしていれば迷わず辿りつくことができるのです。

　また、**ルーターは1台でいくつかの端末が接続可能になっているものがほとんど**です。数人での旅行の場合は何人かで使用できるのでよりお得になりますよ。

## ★ 現地でシムカードを入手するのも◎

　また、**シムフリーの携帯電話を持っているようであれば、現地でAT&TやT-mobileなどの携帯会社でシムカードを入手するという方法もあります**。この場合、インターネットの他、電話もできますが、ひとつ難点なのは、現地でシムカードを入手するまではネットが使えないため、空港では使用できません。最低契約期間は1ヶ月からですが、＄50くらいで数ギガのネットと電話(国内無制限)が使えるので、**2週間以上の滞在であれば、選択肢のひとつとして検討してもよい**かもしれませんね。

コラム

# ニューヨークで生活する上で知っておきたい、文化のあれこれ

## ～結婚式の費用はすべて花嫁もち～

　アメリカに来て、様々な文化の違いを経験してきましたが、それらはどれも来る前にネットや本で「ニューヨークはこういう文化！」という前情報があったため、自分の中では一応、心の準備をすることができていました。そんな中、もっともカルチャーショックを受けたのが「アメリカの結婚式の費用はすべて花嫁持ち」ということ。デートでは男性が費用を払うことも多いし、ドアは女性が入り終わるまで開けておいてくれるほどレディーファーストの文化が根付いている国なのに、結婚式となると女性がこんなにも負担しなければならず、最初にこの事実を聞いたときは、衝撃すぎて日本にいる母親に電話をしてしまったほどです。

　また結婚後の金銭のやりとりも日本と違います。日本では、夫の給料を妻が管理することもよくありますが、アメリカではお金は夫婦別々に管理をします。その代わりとして、銀行ではジョイントアカウントと呼ばれる夫婦共同の銀行口座が存在し、生活費など共有のものはそこから出す人も多いようです。

　もちろん、結婚式費用もその後の生活費なども、夫婦それぞれの状況に応じて各家庭でルールも異なると思いますが、いずれにしても、夫婦となってもお互いがしっかりと独立した意識をもっているのは、さすがアメリカといった印象です。

[ 第2章 ]

# 空港到着から
# ホテルまで

# コツ 7 NYC
# 空の玄関口はJFKをはじめ、3つあるので間違わないように！

## ★ NYにある３つの空港とは？

誰もが一度は憧れる大都市である、アメリカ合衆国のNYC（ニューヨークシティ）。その空の入口には、**ジョン・F・ケネディ（John F. Kennedy）空港、ニューアーク（Newark）空港、ラガーディア（LaGuardia）空港の３つ**があります。

まず、世界的にも知られたジョン・F・ケネディ空港（通称JFK）はマンハッタンから約25kmのところにあります。日系の航空会社やデルタ航空など日本からの直行便がほとんどココに到着するので、もっともポピュラーなニューヨークの玄関口と言えるでしょう。

次に、ニューアーク空港は川をはさんだニュージャージー州にあり、日本からはユナイテッド航空の直行便がこちらに到着します。マンハッタンまでは約26kmとJFK空港とほとんど同じぐらいの距離にあります。

そして、アメリカ国内線の空港となるのがラガーディア空港。日本から行く場合、アメリカ各地で乗り継ぎをすると到着することがありますが、直行便は乗り入れていません。

## ★ 直行便と乗継便、どちらがお得？

日本から直行便だと約13時間ほどかかるニューヨーク。やはり便利なのは直行便の利用と言えるでしょう。**ニューヨークまでの直行便は成田や羽田空港から出ています**。一方、乗継便の場合は、ア

メリカ国内やカナダなどで乗り継ぎとなる北米系の航空会社、ソウルなどで乗り継ぎとなるアジア系の航空会社など様々なルートが存在します。また、日系の飛行機会社を利用しても、アメリカ各地で乗り継ぎをしてニューヨークに到着するというパターンもあるので注意が必要です。さらに、**往路か復路のみが乗継便というケースもあります。その場合は、行きと帰りで利用する空港が異なる場合がある**ので気をつけましょう。

乗継便を利用する場合は、空港を楽しめるところを選ぶのがポイントです。例えば、ソウルの空港は非常に大きく、ショップも多いので時間をつぶすのに苦労しなくて済みます。日本各地からのソウルまでのアクセスもよいため、意外とおすすめですよ。

## ★JFK空港はターミナルが複数あるので注意！

日本からのツーリストの利用頻度が高いJFK空港は、全米でも利用客が多い空港のひとつとして知られており、**8つのターミナルからなっています。ターミナル1～8までぐるりと円を描くようにターミナルが広がっていますが**、それぞれのターミナルによって施設の充実度は異なります。日本航空や大韓航空の場合、ターミナル1になることが多く、全日空やデルタ航空の場合の多くはターミナル7となります。

ターミナルは到着したときはあまり関係ありませんが、問題は帰りの場合。タクシーなどで「ターミナルは？」と聞かれることも多いので**必ずチケットのターミナルの欄をチェック**しておきましょう。なお、ターミナル間の移動はAir Train（エアートレイン）と呼ばれるモノレールが無料で走っています。間違えても再度移動できますが、やはり時間がかかってしまうのでターミナルは念入りに確認、が合言葉となります。

# コツ 8 NYC

# 旅行前の第一関門となる ESTA（エスタ）の取得について

## 🛡 意外と簡単！ ESTAの取得

ニューヨークのみならず、**アメリカを旅行する場合、必ず申請しなければならないのがESTA（エスタ）**です。アメリカにビザなしで90日以内の滞在の場合、このESTAの申請が必要になります。一度ESTAの承認を受けると2年間有効で、アメリカへの渡航は何度でも可能となります。**ESTAの申請方法でもっともシンプルなのが、インターネットから申請する方法**。申請手数料は$14で、クレジットカードから引き落としとなります。

ちなみに、旅行会社に代理で申請をお願いすることもできますが、割高となるため、あまりおすすめできません。米国政府が管理する公式のサイトでは**言語を日本語に変換でき、日本語での申請もできる**ため、業者に頼まなくても十分対応できますよ。

## 🛡 ESTA申請の方法＆ポイントとは？

では、ESTAの申請方法を簡単にご説明しましょう。まず、公式サイト (https://esta.cbp.dhs.gov/esta/) を開いたら、画面右上にある**「CHANGE LANGUAGE（言語を変換）」をクリックし、日本語を選択**します。そうするとすべて日本語の表示に切り替わるため、この時点でかなり安心して入力ができます。その後は「新規の申請」を選び、申請者情報の入力やアメリカ滞在中の情報などに回答して、支払いへと移ります。支払い終了後、たいていの場合、その時点で「認証」されるのですが、ごくまれに「認証は保留中です」となるこ

■第2章 空港到着からホテルまで

とも。とは言え、「保留中＝陰性所見を示唆するものではない」ので、**保留になった場合も落ち着いて待ちましょう**。ESTAの認証は72時間以内に判定が下されます。**万が一のことも考えて、出発の7日前までに余裕をもって行いましょう。**

## ☆ ESTA取得後2回目以降の入国なら裏技も

13時間の長時間フライトを経てようやく到着、一刻も早く空港から脱出したいところなのですが、アメリカは**9.11の同時多発テロ以降、入国審査が厳しくなり**、ひどいときは2〜3時間待つこともあります。ESTAを取得して初めてのアメリカ訪問の場合、その列に並ぶしかありませんが、**2回目以降のESTAでの入国の場合（パスポートを更新していない場合に限る）、この過酷な待ち時間を避けることができます。**

まずは飛行機を降りたら、「Immigration（入国審査）」のサインに沿って進みます。ESTAで初めての入国の場合は「ESTA-First Time」の標識の方に並び、ひたすら順番が来るのを待つしかないのですが、2回目以降の場合は「ESTA- Returning」の方へ向かえます。こちらは自動審査機械で関税申告書と同様の質問に回答した後（日本語の選択可）、写真を撮り、審査官のいる窓口に向かうことになるので、大幅に時間を短縮できます。この自動審査機械はアメリカ国内の主要空港で導入されているので他の都市に行く際も参考にするとよいでしょう。

### 📢 お役立ち！ひと言フレーズ

2回目以降のESTAの列はどこですか？

**Where is the ESTA Returning lane?**
　ウェア　イズ　ジ　　エスタ　　　リターニング　　　レーン

# 空港から市内へのアクセスは様々な交通手段がアリ！

### ★ 経済的なエアトレイン＆地下鉄ルート

　JFK空港からニューヨーク市内に行くための交通手段としては、**エアトレインと地下鉄のコンビネーション、空港バス、シャトルバス、タクシー、Uber**など様々な交通手段が挙げられます。それぞれの特徴を知り、自分のスタイルに合うものを上手に選びましょう。

　まず、**もっともリーズナブルに行けるのがエアトレイン＆地下鉄を使うルート**。ただ、乗り換えがあるため、手持ちの荷物が多い場合はおすすめできません（地下鉄はエスカレーターが設置されてない駅も多く、エアトレインから乗り換えた後の地下鉄の上り下りが大変なため）。ただ条件さえ合えば、値段的に安くおさえられるので、例えば「ニューヨークに向かうときはエアトレイン＆地下鉄、日本へ帰るときは荷物がかさ張るからUber」など、状況に応じて交通手段を変えるのもひとつの手です。

　乗り方も簡単。空港で税関を通り、スーツケースなどすべて受け取ったら、Air Trainと書かれた標識に向かって進みましょう。**空港ターミナルからエアトレインに乗る場合は、切符の購入は不要**です。路線は３つあり、①ジャマイカ線、②ハワード・ビーチ線、③空港ターミナル循環となりますが、①か②に乗ればどちらも市内へ通じます。ジャマイカ駅、またはハワードビーチ駅に着いたら、改札前の自動券売機（日本語の選択可能）で「Air Train＋Subway」を選択し、切符を購入して改札を通ります。**エアトレインと地下鉄の切符を単品で買うよりも、この方が少しお得です。**

## 🛡 街中まで一本で行けるバス&タクシー

　空港バスやシャトルバスは直行で向かえる上に、地下鉄のような階段の上り下りもありません。滞在先が**ポートオーソリティターミナル駅、グランドセントラル駅、ペンステーション駅の近くの場合はバスを利用するのが◎**。なお、スーツケースの出し入れをドライバーに手伝ってもらった場合は、チップを渡します。

　荷物も多く、かつ滞在先もバスの到着地のような主要駅の近くでないときは、イエローキャブと呼ばれる黄色いタクシーが便利ではありますが、**最近、利用する人が増えているのが「Uber (ウーバー／P41)」**です。もし空港でWi-Fiがつながる状況であれば、**Uberはタクシーより安く、最初から金額もわかっているため、後から高額請求をされる心配もなし**。事前に日本でUberのアプリをダウンロードして、クレジットカードの詳細なども打ち込んでおきましょう。ただし、空港内でのUberの乗り場の標識などはありません。ドライバーとの待ち合わせなどのやりとりは英語になるため、ある程度、旅慣れた人におすすめの方法と言えます。

### JFK国際空港からマンハッタンまでのアクセス一覧

| 交通機関名 | エアトレイン&地下鉄 | 空港バス | シャトルバス | タクシー(またはUber) |
|---|---|---|---|---|
| 到着地 | ジャマイカ駅またはハワードビーチ駅 | マンハッタン内の主要な3つの駅 | 希望の目的地 | 希望の目的地 |
| 所要時間目安 | 約40〜50分 | 約60〜120分 | 約45〜120分 | 約40〜60分 |
| 価格 | $7.75 | $18 | 約$25 (会社により異なる) | 約$50〜80 (チップ含む) |
| 備考 | 経済的だが、荷物が多い場合は乗換や階段などが大変になる。ラッシュ時間の混雑に注意 | 乗換なしで中心地まで行けるが、停車する駅が決まっているのでそのエリア近くの宿泊なら便利。道路渋滞の場合あり | 乗合バスとなるので、どのルートで自分の目的地に行くかはその時次第。それにより時間がかかる場合も | 目的地まで直行で行けるが、割高。何人かで利用できると経済的。道路渋滞の場合あり |

# 日本と同じと思うなかれ！探すのに苦労するトイレ問題

### ★ 地下鉄の駅構内にトイレはなし！

ニューヨークに来て気づいた日本のよさのひとつが「日本は至るところに公衆トイレがある」ということ。それくらい**ニューヨークでトイレを探すのは至難の技**です。

そこで前提として、**レストランやカフェに入ったら、お店を出る前にはとりあえずトイレに行っておくこと**が重要になります。「今はまだ行かなくていいか」という軽い気持ちでお店を出てしまい、セントラルパークのようなだだっ広い観光場所のド真ん中に着いた頃にトイレに行きたくなっても、そこにトイレはありません。結果、トイレを探すために引き返し、行くあてもなく探し回るという経験は私だけでなく、ニューヨーカーも体験する"ニューヨークあるある"なのです。

ちなみに、**ニューヨークの地下鉄の駅構内にはトイレが設置されていません**。地下鉄は旅行者の足となりますが、そんな便利な地下鉄でトイレをアテにするのはできないことを覚えておきましょう。

### ★ 店により、パスコードが必要な場合も

では、肝心のニューヨークでトイレに困ったときの対処法ですが、もっとも行きやすいのが**デパートのトイレを探す**ことです。メイシーズやブルーミングデールズなどのデパート（P114-115）は駅前にあることが多く、見つけやすいはず。ただし、デパートの1階には設置されてないこともあり、その場合は地下1階、または2階に行

かなければなりませんので、デパートに入ったら店員さんに聞くのがてっとり早いでしょう。

　次に**マクドナルドやスターバックスなどのカフェのトイレも使えます**。ニューヨークの街にはとにかくたくさんのスターバックスを見かけます。無料のトイレをやみくもに探すよりは、ワンドリンクを頼んだついでにトイレへ行くという方法の方がスマートと言えるでしょう。トイレだけを借りるという方法は無粋。店内に入るとドアに「Customer Only（当店のお客様のみ使用可能）」と貼ってあるのもよく見かけます。

　また、**スターバックスのトイレはドアに暗証番号で開くロックがかかっており、お店の人にパスコードを聞かなければなりません**。このパスコードの聞き取りがなかなか厄介。例えばパスコードが「8830」だとすると「エイト・エイト・スリー・ゼロ」とひとつずつ数字を伝えてくる人もいれば、「エイティエイト・サーティ」と88と30という分け方で教える人もいます。どちらで言ってくるかわからない上に早口で話す人も多いので、1回で聞き取れない場合も。そんなときはもう一度言ってもらうか、紙とペンを渡して書いてもらうのもよいでしょう。

　チェーンのカフェでない場合、お店側がトイレに入るカギを持っていて、それを借りて行くパターンもあります。その場合はカギを借りて、使い終わったらまたお店の人に返却すればOKです。

### お役立ち！ひと言フレーズ

**トイレはどこですか？**

Where is the restroom?
ウェア　イズ　ザ　レストルーム

**パスコードを教えてください**

May I have the passcode for the restroom?
メイ アイ ハブ　ザ　　パスコード　　フォー　ザ　　レストルーム

# 星の数ほどあるホテルは
# 目的に合わせて上手に選ぼう

### ★ 世界一高い！と言われるNYのホテル

　ニューヨークのホテルは、とにかく高いです。**日本で高級ホテルに泊まるくらいの値段を出しても、ニューヨークでは中級クラスの部屋**になってしまいます。また、結構な値段を出しても、実際に行くと部屋がイメージより狭い、トイレの水圧が悪い、アメニティが充実していないなどと、日本のビジネスホテルの快適さを知っているとついつい日本のホテルと比べてガッカリしがちです。

　ニューヨークのホテルを簡単に分けるとすると、**高級ホテル、中級ホテル、エコノミーホテル、デザイナーズホテルの4つ**になります。目安としては、高級ホテルは一泊＄400以上、中級ホテルは＄250〜350くらい、エコノミーは＄120〜200くらい、デザイナーズホテルが＄300くらいとなります。高級ホテルは高いだけあって、ホテルに在籍するコンシェルジュがレストランやサロンの予約を代わりに電話して取ってくれたりと、至れり尽くせりの対応が期待できます。また、ニューヨークはアートな街だけあり、様々な仕組みが施されたデザイナーズホテルもおすすめ。思い出に残る素敵な滞在が期待できます。

### ★ ランク＆エリアを変えた"分泊"がオススメ

　全部の滞在を高級ホテルやデザイナーズホテルで宿泊すると驚くような価格になりますが、「デザイナーズ2泊＋エコノミーホテル3泊」などと、**滞在中にホテルを移動して節約するのもアリ**。宿泊

# 第2章 空港到着からホテルまで

エリアが変わると街の雰囲気も変わりますし、いろんな表情のニューヨークを体験してみるのも楽しいでしょう。

ちなみに、アメリカは言わずと知れたチップ社会。ドアマンにタクシーを呼んでもらったり、ベッドメイキングやスーツケースを部屋まで運んでもらったり、コンシェルジュにお願いごとをしたときは、**数ドルのチップを渡すようにしましょう**。

## ★ 予約の際はベッドの大きさに注目

ホテルの予約の際には、**部屋のタイプとベッドのサイズに注意が必要**です。まず、部屋のタイプは、シングルベッドが1つあるシングルルーム、ベッドが2つあるダブルルーム、寝室とリビングが分かれているスイートルームの3種類があります。**ベッドサイズは5種類で、それぞれキング、クイーン、フル、ツイン、シングルと細かく分かれています**。キングサイズはカップルがお互い寝返りを打っても余裕があるほど。次のクイーンサイズは、大人二人ならゆったり寝られるくらい、フルサイズはクイーンサイズより少し小さくなります。シングルとツインはそれぞれベッドが1つか2つかの違いになります。

カップルの場合はキングやクイーンなどで大丈夫ですが、友人同士で同じ部屋に宿泊するけど「いくら広いからと言って同じベッドは……」という場合は、ツインか独立したシングルベッド2台をくっつけて置いてあるハリウッドツインを選ぶようにしましょう。

アメリカンサイズとはよく言ったもので、キングサイズは本当に大きい

# ニューヨーカー気分を満喫！
# 暮らすように旅できる民泊

## ★ ユニークな部屋に安く宿泊可能！

　ニューヨークでの宿泊代を最低限に抑えたいという方は、ホテルに宿泊する代わりにAirbnbなどの民泊仲介サイトを利用することもできます。民泊の場合、**キッチンなども付いている場合が多いので自炊もOK、暮らすように旅ができる**のが大きな魅力です。

　Airbnbとは、2008年にカリフォルニア州サンフランシスコで設立された会社で、部屋を有料で貸すホストと部屋を借りたいゲストをインターネット上でつなぎます。まずAirbnbの大きなメリットとしては、**「ホテルと比べて宿泊料が安い」「ユニークな宿に泊まれる」**の2点です。Airbnbでは個人が住んでいる部屋を貸し出していることも多く、そういった部屋を探すことで安い金額、かつ個室の部屋に泊まることができるのです。

　最近ではホテルと同額のお金をかけて、あえてAirbnbを選択する人もいます。というのも、Airbnbで貸し出す部屋の中にはまるで美術館のようなハイセンスな造りになっているユニークなものも探すことができるからです。

## ★ 問題が起きたときも自分で対処

　民泊の場合のデメリットも事前に知っておく必要があります。これは**貸主が個人となるため、「ホストと連絡と取るのが面倒」などホストとの関係性が大きい**と言われています。事前のアポはもちろん、当日鍵を受け取ったりするなどの際にホストと連絡を取る必要

■第2章 空港到着からホテルまで

があります。もちろん、相手とのやりとりは英語。ホストとの間に問題が起こっても自分で対処せねばならなくなります。

## ⭐ 予約前にチェックすべきポイント

メリット＆デメリットはありますが、長期の滞在などには非常に便利な民泊。では、なるべく快適な滞在にするためには予約のときにどこに注意すべきなのでしょう？

まず、**レビューの件数と内容をチェック**しましょう。よいレビューがたくさんあるホストは、ゲストの受け入れに慣れている場合が多いからです。レビュー50件以上で「慣れている」、100件以上あると「相当慣れている」を目安としたらよいかもしれません。ここでレビュー内容も面倒くさがらずに読むのも重要です。

また、Airbnbを初めて利用する場合、ゲスト本人のレビューがないためにリクエストを送っても却下されてしまうこともあります。それを避けるためにも、**予約リクエスト時に、簡単な自己紹介を含めたメッセージを送信する**とよいでしょう。

最後に、**キャンセルポリシーやハウスルール（ペットOKや禁煙など）も確認しておくことが大切**です。予約が確定したらチェックイン方法なども含め、疑問点は必ず先に確認しておきましょう。

### 部屋にあるもの用語一覧

| | | | |
|---|---|---|---|
| エアコン | air conditioner<br>エアー コンディショナー | 調理道具 | cooking utensils<br>クッキング ユーテンサルス |
| 冷蔵庫 | refrigerator<br>レフリジェレイター | 洗濯機 | washing machine<br>ウォッシング マシーン |
| 冷凍庫 | freezer<br>フリーザー | 洗濯用洗剤 | detergent<br>ディタージェント |
| 電子レンジ | microwave<br>マイクロウェーブ | 食器用洗剤 | dish soap<br>ディッシュ ソープ |
| お皿 | plate<br>プレート | ドライヤー | hair dryer<br>ヘアー ドライヤー |

コラム

# ニューヨークで生活する上で知っておきたい、文化のあれこれ

## 〜コインランドリーと言えば Landromat 〜

　マンハッタンには一戸建ての家は少なく、ほとんどはマンションタイプのビルになっています。ビル自体も古いものが多く、見た目は趣きがありますが、古いからこその生活の苦労も多いです。

　例えば、洗濯。水周りの配管が整っていないので、部屋にはほぼ洗濯機はついていません。そのため、ニューヨークには今でもたくさんのコインランドリー (Landromat ／ランドロマット) があります。この使用方法でいちばん驚くのが、洗濯機や乾燥機の支払いは25セント硬貨のみで行うこと。両替機がある場合がほとんどですが、ない場合は両替しておかねばなりません。洗濯の種類はCold Wash (冷たい水で洗う) ／ Warm Wash (ぬるま湯で洗う) ／ Hot Wash (熱いお湯で洗う) ／ Permanent Press (ポロシャツなどの柄ものの服を洗うとき用) などがあります。また、洗剤などを入れる所には Detergent (洗剤) ／ Fabric Softner (柔軟剤) ／ Bleach (漂白剤) とそれぞれ場所が書かれているので、必要なものを指定の場所に投入します。次に乾燥機ですが、ここで注意すべきはそのパワーです。アメリカの乾燥機はかなり強力なため、高温設定にするとパリパリになってしまいます。温度設定をうまく調節して使いましょう。ちなみに、週末になると、洗濯機&乾燥機の奪い合いになります。朝イチに行くのが◎ですよ。

# 第3章

# 交通を使いこなそう

# 地下鉄を使いこなせれば、あなたもニューヨーカーに！

## ★ ニューヨーカーの足 "Subway"

マンハッタン、ブルックリン、クイーンズ、ブロンクスを走る**地下鉄路線（Subway）は24時間運行しており、ニューヨーカーの足として活躍**しています。どこまで行っても均一料金のため、一駅乗ろうが、マンハッタンの西からクイーンズの東の果てまで移動しようと料金は変わりません。地下鉄の駅には①スタッフが常駐＋券売機が設置、②スタッフ不在で券売機のみ、③券売機なしのただの改札、の３ケースが存在します。③は切符を持っていないと通れないため、切符を購入しなければいけない場合は違う入口を探します。また、入口に「No Entry」と書かれていたら、出口専用なので、別の入口を探すことになります。

車体の横に行き先表示あり

## ★ 乗り放題のメトロカードを購入すべし！

旅行者が買うべき切符はずばり「**メトロカードの乗り放題**」です。1回の乗車券は＄2.75なので、滞在中12回以上乗るなら乗り放題を購入したほうがお得なのです。滞在日数および乗る回数に応じて選択するとよいでしょう。メトロカードは自動券売機で購入可能で、表示される案内に従って購入を進めますが、気をつけるべきは**乗り放題の場合は「Time」を選択すること。「Value」を選んでしまうとチャージしたお金から１回ずつ料金が引かれる形になるので注意し**

第3章 交通を使いこなそう

ましょう。支払いは現金、またはクレジットカードが可能で、クレジットカードの場合はカードを挿入口に入れて、その後すぐ引き出さねばなりません。カードを挿入したままにしてはエラーとなってしまいます。その後、Zip Code（郵便番号）の入力には現地の滞在先の郵便番号を入力すればOKです。

## ★ 目的地はマンハッタンの上？ 下？

切符を手にしたらいよいよ乗車です。改札機にメトロカードの黒い磁気がついた側を下にして、サッと通すだけ。ちなみに改札機は小さく、大きなスーツケースは通りませんので注意しましょう。

改札を通ったら乗車ホームに向かうのですが、その際、目的地が**マンハッタンの上か下かを把握**しておきましょう。マンハッタンの地下鉄は、南北に走っていることが多く、**北に向かう電車は「Uptown（アップタウン）」、南に向かう電車は「Downtown（ダウンタウン）」**と呼ばれていて、入口の看板などでもそのような表示がされています。また、電車は急行と各駅停車の2種類で急行はEXP、各駅はLCLと表示されます。間違って急行に乗ると止まらない駅もあるので、気をつけましょう。

### 地下鉄料金表

| 名称 | 内容 | 価格 |
|---|---|---|
| メトロカード Pay-Per-Ride | チャージ可能なプリペイドカード。1回ごとに乗車料金が引かれる | 1回につき$2.75 |
| メトロカード Unlimited Ride | チャージ可能なプリペイドカード。期間内は乗り放題 | |
| →7日間 | | $32 |
| →30日間 | | $121 |
| シングルライド | 地下鉄1回分のチケット | 1回につき$3 |

※メトロカードは新規発行の際、$1がかかる

# 車窓の景色が見れるのが◎
# 意外と便利なバスの乗り方

## ★ 東西の移動ならバスが便利

地下鉄だと乗り換えが必要だけどバスであれば1本で行けたり、目的地がへんぴな場所だったりするとき、ニューヨーカーはバスを利用します。そんな「痒いところに手が届く」バスの大きな特徴が、**マンハッタンではほとんどの地下鉄が南北に走っているのに対し、バスは東西に走っていること**。もちろん南北を走るバスもあるのですが、地下鉄の方が断然早く移動できるため、その場合はあまりバスを利用しません。

旅行者にとってもバス利用は降りるタイミングがわかりにくく、ハードルが高い交通手段と言えます。正直に言えば、マンハッタンを観光するのであれば地下鉄移動だけで十分ですが、観光気分が楽しめたり、東西の移動に利用価値があったり、地下鉄の駅が少ない場所での移動にも便利なので覚えておきましょう。

## ★ バスもメトロカードが使用可能

バスの乗車券は地下鉄同様にメトロカードが使えます。乗車時に小銭でも支払えますが、**お札は使えない上におつりが出ないので注意が必要**です。停留所にはメトロカードの券売機はありませんので、事前に小銭を準備するか、メトロカードに十分なチャージがあるか確認しておきましょう。また急行バスは別途追加料金がかかるので、乗らないように気をつけてください。

第3章 交通を使いこなそう

## 🚌 バスの乗り方＆降り方

**バスの路線名はアルファベットと数字のコンビネーション**です。Mはマンハッタン、Qはクイーンズ、BRはブルックリン、BXはブロンクス、Sはスタテンアイランド、Xは急行を意味します。

乗り方ですが、**まずは停留所に来たバスの前方の電光掲示板に注目**しましょう。複数のバスが同じバス停に止まる場合も多いので、**路線番号と最終目的地を確認**して自分が乗るバスであることをしっかり確かめます。急行バスにはLimitedと、セレクトバスにはSelect Busと表示されています。

降りるときは、**手すりについている赤いストップ（Stop）ボタンを押すか、窓の方についている紐を引く**とStop Request（降車しますの合図）が点灯します。停留所のアナウンスもありますが、ざわざわしていて聞きとりにくいため、まわりの景色とストリート、アベニューを確認しておくとよいでしょう。ドアは前方と真ん中のドアが開きますが、押して開けるシステムなので、ドライバーのいる前方から降りるのが無難です。

### ❗ ここに注意！

#### チケットを乗車前に買うセレクトバス

一部路線で運行しているセレクトバスは、チケットを乗車前に買わねばなりません。バス停に設置されている機械で乗車前にメトロカードか現金で支払うと、チケットが出てくるのでそれを持ってバスに乗り込みます。ここで重要なのが、乗り放題のメトロカードの場合もチケット発券が必要となる点。検札係が来た場合、それを持っていないと罰金になってしまいます。

現金が使えず、メトロカードでの支払いのみの券売機もあり

## コツ 15 NYC

# もはやニューヨークの名物！
# "イエローキャブ"活用術

### ★ タクシー争奪戦のNYの街

ニューヨーク名物といえば黄色いタクシー、通称・イエローキャブではないでしょうか。日本に比べて初乗り料金も安い（＄3.3〜）ので、交通手段としてはもちろん、ニューヨーク体験のひとつとしてイエローキャブに乗ってみるのもいいかもしれません。

乗り方はとっても簡単。拾いたいときは、車上についているランプに注目します。ランプの中央の明かりが点灯していたら、そのタクシーは空車です。ただ、このランプは明かりがついているのかどうかわかりにくいので、**とりあえず手をあげて乗りたい意志を表示**します。ちなみにニューヨークの街ではつねにタクシーは争奪戦。なかなかつかまらないことが多いこともお忘れなく。

タクシーに乗車したらドアを自分で閉め（アメリカのタクシーは自動ドアではない）、行き先を伝えます。ロックフェラーセンターなど、メジャーな名所はすぐ伝わりますが、その他の場所であれば、**実際の住所とそれがどのアベニュー沿いのどのストリート間なのかを伝えるのが賢明**です（右記参照）。紙に書いて、それをドライバーに見せると間違いがないですよ。

ランプ消灯＝予約車、「OFF DUTY」が点灯＝回送中という意味になる

■ 第3章 交通を使いこなそう

## ⭐ 近年、利用者が急増しているUber

ここ数年、**タクシーの代わりにUberを利用する人が増えています**。利用にはWi-Fi環境が必要ですが、**タクシーよりも断然安く、あらかじめ行き先がドライバーに伝わっているためコミュニケーションで困ることもないので**、旅行者にも活用が広がっています。

Uberは基本的には携帯のアプリで呼びます。最初のページで行き先を入れるのですが、「Where to」をクリックするとアプリが勝手に自分の位置をピンしてくれています。自分の希望場所にピンをずらすことも、また住所を打ち込むこともできます。ピックアップ場所が決定したら、行き先を入力します。そうすると、可能なUberが下の方に出てきます。**Uber Poolは相席乗車で、UberXはタクシーと同じで専用車**となります。UberXはタクシーとさほど料金も変わらないので、コスト面を考えるならUber Poolの利用が◎。料金はいちばん安いですが、相乗りのため、乗った段階で誰かがすでに乗っていることもあれば、途中で他の乗客を乗せることもあります。

希望のUberをセレクトしたら、ピックアップ場所でドライバーを待ちます。申し込んだ車を見逃さないように注意しましょう。事前にクレジットカードで支払いをしているので、下車の際もキャッシュレス。チップも車内で渡す必要はありません。ただし、最後にアプリ上からドライバーを評価するのをお忘れなく。

### 💬 お役立ち！ひと言フレーズ

◯◯に行ってください。●と△ストリートの間の■アベニュー沿いにあります

I would like to go to ◯◯. It's on ■ Avenue between ● and △ Street.
アイ ウッド ライク トゥ ゴー トゥ　　イッツ オン　　アベニュー　ビトウィーン　　アンド　ストリート

# 近郊エリアへ足を延ばすなら鉄道＆長距離バスを利用

## ★ 鉄道＆長距離バスは三大ターミナルから発着

マンハッタンの三大ターミナルといえば、**グランドセントラル駅、ペンステーション（ペンシルベニア駅）、ポートオーソリティバスターミナル**。これらの駅からはアメリカ国内へ向かう近・長距離の電車やバスが出ています。ニューヨークから近距離旅行をしたいということであれば、メトロノース鉄道などのマンハッタン中心部と近郊部を結ぶグランドセントラル駅に行きま

映画やドラマでもよく登場するグランドセントラル駅。内装も一見の価値あり

しょう。ボストン、ワシントンなど長距離移動であれば、全米を走る旅客鉄道であるAmtrak（アムトラック）が利用できます。ペンステーションはニューヨークとニュージャージーを結ぶ電車やマンハッタンから東方に伸びるロングアイランドのほぼ全域をカバーしているロングアイランド鉄道も走っています。

ちなみに**近郊、もしくは長距離移動の際、長距離バスも使うことができます**。それらはポートオーソリティバスターミナルから発着しています。現在はチャイナタウンなどを発着点とする格安のバスもありますが、乗り場がわかりにくく混乱しやすいので、初めて利用するようであれば、ポートオーソリティから出発するのがよいでしょう。

■ 第3章 交通を使いこなそう

## ★ メトロノース鉄道の乗り方指南!

多様にある鉄道の中でも、今回は旅行者の使用頻度が高いと思われるメトロノース鉄道の乗り方を説明します。まず、グランドセントラル駅で切符を購入します。券売機の最初の画面で「Round Trip (往復)」を選び、次の画面で「Grand Central to Another Station (グランドセントラル駅から他の駅へ)」を選択。そして行き先のアルファベットの頭文字を選びます。**ポイントとなるのが、次の画面の電車に乗る時間帯がオフピークか否かの選択**です。画面左下に何時から何時がピークの時間か書いているので自分が乗る時間がどちらに該当するか選びましょう。その後、チケットの枚数を選択し、クレジットカードか現金で支払いをします。ちなみに、窓口でも切符は購入可能です。

乗車前に駅のモニターで、発車時刻とプラットホーム (Track) の確認をします。どの電車に乗ればいいかわからなかったら、中央案内所で聞きましょう。メトロノースの場合、**切符を通す改札はなく、車内で車掌に見せる**形になります。座席はすべて自由席。ちなみにメトロノースはいくつかの線が走っていますが、ハドソン線がおすすめです。ハドソン線は、その名の通り、ハドソン川沿いを列車が走っており、グランドセントラル駅から乗る際は、**進行方向左側に座ると、のどかな景色を堪能**できます。また、夏はエアコンが効きすぎの車両が多いため、羽織りものを持参しておきましょう。

自分が乗る電車のプラットホームは駅にある掲示板で確認できる

# マンハッタンの運転は難しいが郊外への旅には◎のレンタカー

## ★ 国際免許証をお忘れなく

ニューヨーク市内から郊外に出る際は、電車やバスを利用する方が多いですが、車好きの人や目的地まで歩くことなく直行したい人にとってはレンタカーを借りるのもひとつの手段です。ただし、**ニューヨーク市内の運転は一方通行が多い上、常に道路が渋滞しています。また運転の荒いドライバーも多いため、かなり上級者向け**と言わざるを得ず、おすすめはできません。

それでも長期滞在の場合や何らかの理由でニューヨークでレンタカーを借りるなら、まず**日本で国際免許証を取得しておく必要があります**。レンタカーは空港などで借りることができ、借りる際は国際免許証、パスポート、日本の免許証の提示などが求められます。事前予約なしでも利用可能ですが、ネットから事前に予約する方がお得になります。ネットから予約するときは、「New York Car Rentals」などとキーワードを打ち込むと、レンタカーが比較されたサイトが複数でてきますので探してみましょう。ちなみに、運転する人が25歳未満の場合、追加チャージがかかります。また、見慣れぬ地で運転するので保険には入っておいた方が安心です。

## ★ アメリカは左ハンドル、右側通行

運転する際、**ニューヨークに限らず、アメリカは左ハンドル＆右側通行となり、日本とは逆になる**のでまずそこに気をつけましょう。とくに、右側通行をきちんと意識しなければなりません。かくゆう

第3章　交通を使いこなそう

私もアメリカの運転免許を取得する際、「実技試験で左側を走ってしまい、試験に合格できなかった日本人がいるので気をつけなさい」としつこく言われました。そして、**駐車違反やスピード規制についてもご注意**を。いずれも捕まると罰金だけではなく、慣れない英語での面倒なやり取りをしなければならないからです。ちなみに、一般道から高速道路に入り、トイレに行きたくなったら、高速から降りてサービスエリアやフードショップ、ガソリンスタンドに向かうのがベスト。時々出口のサインを示す看板に、ガソリンスタンドやファストフードのマークがついていて、それらは「その出口を出るとこのお店があります」というサインになります。

高速道路の標識は見逃さないように

## ⭐日本と違うガソリンの単位

最後に、ガソリンの入れ方について説明します。**ガソリンスタンドはセルフサービス**で、日本のクレジットカードは使えないことも多く、その場合はガソリンスタンドの中に併設されている店（ドリンクやスナックなどを販売）に入り、お店の人に給油機の番号と入れたい金額を伝えて事前に支払います。その後、給油機に戻り、レバーを上にしてからノズルを押して給油を行います。**ガソリンの単位はリットルではなくガロン（1ガロンは約3.7リットル）**で、Regular＝レギュラー、Premium＝ハイオクガソリンとなります。

### 💬 お役立ち！ひと言フレーズ

1番スタンドにレギュラーを20ドル分、給油したいです

Could I get 20 dollars regular on pump 1, please?
クッド　アイゲット　トゥエニー　ダラーズ　　レギュラー　オン　ポンプ　ワン　プリーズ

コラム

# ニューヨークで生活する上で知っておきたい、文化のあれこれ

## ～家賃の高いNY、ルームシェアは当たり前～

　世界的にみてニューヨークの物価は高いと言われますが、なかでもニューヨーカーを悩ませているのが家賃の高さです。世界中から人が集まってくる街であることも関係してか、とにかく信じられないほどの高さ！　しかも、年々、高騰している印象があります。日本では東京でもワンルームのマンションで7万円も出せばわりと普通の部屋に住めますが、NYでは狭くて古いビルの部屋のワンルームでも＄2000を軽く超えてしまうことが日常茶飯事なのです。世界25都市で月に＄1500の家賃で借りられる広さを比べる調査があったときも、ニューヨークはダントツに最下位でした。

　そんなわけで、ニューヨークではひとつの物件を何人かでシェアして生活する「ルームシェア」が当たり前に行われています。キッチンやバスルームなどは共有スペースになっていて、自分の部屋は個々にあるというスタイル。学生だけでなく、有名な大手企業に勤める人でもルームシェアしている人は多いです。

　また、マンハッタン内はとにかく高いですから、少し離れたブルックリンやクイーンズに住むのもひとつの手です。最近では家賃の安いニューヨークの隣の州のニュージャージーに住む留学生もいるようですが、やはりせっかくなら「ニューヨーク在住」にこだわりたいところではありますよね。

# 第4章

# 刺激的な街
# NYの歩き方

# Ave.とSt.を理解すれば、街歩きはよりスムーズに！

## ★ 碁盤目になったマンハッタン

　高低差もないニューヨークの街歩きはとても楽しいです。とくにマンハッタンは道が碁盤目のようになっていて、道（住所）に関しては、日本の住所表記より数倍わかりやすいと言えます。ですから、道の作りと地図の読み方をマスターすれば、ニューヨークでの観光はよりスムーズになるでしょう。

　最初に理解したいのが、**縦にアベニュー、横にストリートが通っている**ということ。縦に走る**アベニューは東から西に行くほど、ストリートは南から北に行くほど数字が大きくなります**（まれに、マンハッタンを斜めに突っ切る感じでブロードウェイが走っていたり、4thAve.の代わりにマディソンアベニュー、パークアベニュー、レキシントンアベニューがあったりと例外もあり）。

　さらに、場所移動をする際に知っておきたいのがそれぞれの距離です。**アベニュー間の1ブロックは約250m（徒歩で約5分）、ストリート間の1ブロックは約50m（徒歩で約1分）**となっています。アベニュー間はストリート間の約5倍もあるので、意外と歩くと遠いと感じることも……。それを理解した上で地図を見ると、徒歩で行くか、地下鉄を使うかの参考になるでしょう。

アベニューやストリートが使われている駅名も多い

## ⭐ 基本となる通り名を知っておく！

前述したアベニューとストリートは表記の仕方にいくつか約束事があります。「between」の使い方もマスターして、街歩きの参考にしてください。

**Avenue（略称 Ave.）** ▶▶ アベニュー。日本語では1番街、2番街のように「〜番街」と訳されることが多い。

**Street（略称 St.）** ▶▶ ストリート。日本語では35丁目、36丁目のように「〜丁目」と訳される。また5番街を起点として、それより東にあるストリートはEast(略称E.)、西にあるストリートはWest(略称W.)となり、それぞれイーストサイド、ウエストサイドとなる。

**between（略称 bet.）** ▶▶ 「〜の間」という意味で、住所表記の最後にカッコ書きで入ることが多い。例えば目的地の住所が200E. 32nd St. (bet. 2nd & 3rd Ave.)と表記されていた場合、これは、目的地が東側にあり2番街と3番街の間の32丁目上にあることを意味する。

## ⭐ その他の道路表記もチェック

クイーンズなどマンハッタン以外のエリアにはストリート、アベニューの他に以下のような道の呼び方があります。道の名前がいろいろあって複雑そうに見えますが、どの道にも名前があるので、違いもわかりやすく、意外と目的地を見つけやすいですよ。

**Drive（略称 Dr.）** ▶▶ ドライブ　　**Parkway（略称 Pkwy.）** ▶▶ パークウェイ
**Place（略称 Pl.）** ▶▶ プレイス　　**Boulevard（略称 Blvd.）** ▶▶ ブルバード
**Road（略称 Rd.）** ▶▶ ロード

# ニューヨークのシンボル、自由の女神を徹底攻略!

## ⭐ 王冠まで行くなら早めの予約を!

ニューヨークの象徴的アイコンと言えば、**自由の女神**。アメリカ独立100周年を記念してフランスから贈られたものです。ニューヨークの街を代表するシンボルをひと目見ようと多くの観光客が世界から訪れます。

この自由の女神ですが、①近くでしっかり見る派と②遠くから眺める派に分かれる傾向にあります。①の島に上陸して自由の女神を見てみたいなら、チケットが必要になります。

実寸大の自由の女神はとても迫力あり、感動する

現地でも購入できますが、混んでる時期だと行列の可能性もあるので、**フェリー会社が運営する公式HPから事前のオンライン予約がおすすめ**。チケットは3種類(右下の表参照)、王冠に上がるチケットはかなり予約が取りづらいので早めの予約が◎です。

## ⭐ フェリーでは進行方向右側を陣取る!

フェリーが発着する「バッテリーパーク」の公園内に「キャッスル・クリントン」という建物があり、ここが現地で購入する場合のチケット売り場となります。1番線の「South Ferry」駅が最寄駅(Bowling Green駅の利用も可能)。すでにチケットを持っている人は表示に沿って乗船場に向かいます。

乗船前にはセキュリティチェックがあります。その際、**飲み物は**

第4章 刺激的な街NYの歩き方

**持ち込み禁止となるので注意が必要**です。飲み物はフェリーの中で販売しているので、のどが渇いた場合は船内でそれを購入するシステムとなります。行きのフェリーは進行方向右側に自由の女神が見えるので、**フェリーから写真を撮りたい人は右側に陣取りましょう**（出発前は左側から見えるため注意）。

## ★ 遠くから眺める派のアナタには……

リバティ島に上陸せずに自由の女神を見る方法についても触れておきたいと思います。スタテン島フェリーホワイトホールターミナル（1番線のSouth Ferry駅やN、R、W線のWhitehall St駅などが最寄り）から出ているスタテン島行きのフェリー（乗船無料）に乗って自由の女神を見学します。約25分の乗船中に船の中から自由の女神を見たら、せっかくなのでスタテン島を少しまわってみるのもいいかもしれません。

遠くからの方が全景は入れやすい

また、ツアー会社にはクルーズ船に乗ってマンハッタンの景色及び自由の女神も眺められるプランや、高額にはなりますがヘリコプターに乗って空から眺めるプランも用意されています。時間とお金と相談した上で選ぶとよいでしょう。

### 自由の女神観賞チケット一覧

| Reserve Ticket | 島に上陸して近くで眺めるチケット | $18.50 |
|---|---|---|
| Pedestal Reserve Ticket | 島に上陸＋台座に入れるチケット／一日に入れる人数の制限あり | $18.50 |
| Crown Reserve Ticket | 上陸＋台座＋土冠に入れるチケット／一日に入れる人数の制限あり | $21.50 |

## コツ 20 NYC
# 世界に誇る MoMA & MET、NYの二大美術館をまわろう

### ⭐ 効率よくまわるには？

アートシティとしても名高いニューヨーク。その中でも、世界的に有名でぜひ訪れたい美術館といえば、**メトロポリタン美術館 (The Metropolitan Museum of Art、通称 MET) とニューヨーク近代美術館 (The Museum of Modern Art、通称 MoMA) の2つ**です。どちらも非常に大きな美術館なので、すべてをしっかりと見てまわると非常に時間がかかってしまいます。そこで、この二大美術館を効率よくまわる方法を紹介します。

まず両美術館ともに日本語のパンフレットがあるので、入館したらすぐにそれを手にしましょう。その上で、**自分が見たい作品がどこにあるのかアタリをつけてから鑑賞をスタートさせます**。また、どちらも非常に人気のある美術館ゆえ、**ゆっくり鑑賞したいなら朝一番に行くのが◎**。ただ、ニューヨークの美術館には入場料が任意の寄付制 ($1でも可) や無料になる日時があり、MoMAに関しても日時が設定されているので、それを狙っていくのもアリですよ。

### ⭐ 現代アートが多く揃うMoMA

高級街・5番街の近くにあるMoMAですが、その名の通り、**近・現代の名画が多く展示**されています。規模はMETに比べると小さいですが、見ごたえはたっぷり。とくに**4〜5階に必見のアートが勢ぞろい**しています。到着したら、5階へ直行しましょう。ピカソやゴッホ、モネなどの印象派の画家たちの名画が数多く展示されて

第4章　刺激的な街NYの歩き方

います。4階と5階をつなぐ階段の踊り場に飾られているマティスの「ダンス1」もお見逃しなく。そして4階には、ポップアートの旗手と言われたウォーホールの「キャンベルスープ缶」「ゴールド・マリリン・モンロー」など、アメリカを代表する作品が並べられています。1〜3階はコンテポラリーアートや写真などが展示されています。なお、MoMAは金曜16〜20時が入場無料です。

## ⭐ とにかく広大なMET

METは世界屈指の美術館で、収蔵されている作品はおよそ300万点。全部見ようと思ったら1日では足りません。大まかに説明すると、1階はギリシア・ローマ美術やエジプト美術などのコレクションで、2階はヨーロッパの名画が中心となります。正面玄関を入ると天井の高さを含め、その広大さに圧倒されますが、そのまま先に2階に進みましょう。**ルノワールやドガ、ゴッホにフェルメール、クリムトなど、訪れる人たちを虜にするような世界的に知られた作品が次々にお目見え**します。時間があれば1階もじっくり見てまわると、神殿があったり、ステンドグラスがあったりと、とても面白いです。**カフェも併設されており、足が疲れたら休憩がてら利用することもできます。5月上旬〜10月にはセントラルパークを一望できる屋上庭園にもぜひ立ち寄ってみてください。**ちなみに、METの入館シールがあれば、**METの分館である「クロイスターズ美術館(P55)と「メット・ブロイヤー」への入場が無料**になります。アートにどっぷりハマって一日を過ごしてみるのもいいですね。

セントラルパークに隣接するメトロポリタン美術館

# 有名どころだけじゃない！
# 個性豊かなNYのミュージアム

## ⭐ 無料の日や寄付制を上手に利用しよう

ニューヨークには大規模な美術館だけでなく、小〜中規模のユニークな美術館がいくつもあります。いずれも**個性豊かなコレクションが展示されていますし、建物だけでも一見の価値ある美術館なども多いです。**

入場料はいずれも＄20程度に設定されていることがほとんど。ただし、ニューヨークの美術館（または博物館）は**曜日や時間帯によって、無料や「任意（Pay what you wish）＝寄付制（donation）」という形で好きな額を入館料として寄付する形で入館できるシステムがある場合も**（右下の表参照）。上手に利用してニューヨークならではの世界的アートをたっぷり楽しみましょう。

## ⭐ おすすめ美術館＆博物館

それでは私がおすすめしたい、とっておきの美術館＆博物館を以下に紹介しましょう。メトロポリタンなどに負けない大規模なものから、個人コレクションの小規模な美術館まで様々です。

### ● ホイットニー美術館（Whitney Museum of American Art）

話題のミートパッキング・ディストリクトに2015年にできたアメリカンアートの美術館。8階のバルコニーから眺める景色はなかなかのものなのでぜひ立ち寄ろう。

● **アメリカ自然史博物館(American Museum of Natural History)**

映画「ナイトミュージアム」でも登場した博物館。ティラノサウルスなどの恐竜コーナーがある4階から見るのがおすすめ。

● **クロイスターズ美術館(The Met Cloisters)**

メトロポリタン美術館の分館。ビザンチン美術が中心で、中世のヨーロッパにタイムスリップしたような気分になれる。回廊（クロイスター）に座ってゆったり中庭を眺めたい。少し遠いので注意。

● **ノイエ・ギャラリー(Neue Galerie New York)**

クリムト、エゴン・シーレなどオーストリア、ドイツの美術品が中心の小規模美術館。ギャラリー内にある居心地のよいカフェで食べるザッハトルテも絶品。

● **フリック・コレクション(The Frick Collection)**

世界に30数点しかないと言われるフェルメールの作品が3点展示されている。実業家ヘンリー・フリックの邸宅美術館。

● **モルガン・ライブラリー&ミュージアム(The Morgan Library & Museum)**

国定歴史的建造物にも指定されている美術館。銀行家として有名なモルガン氏の豪華な邸宅の雰囲気が残されている。映画のセットのようなライブラリーは必見！

### 美術館の一般料金と任意料金日

| 美術館名 | 一般価格 | 無料開放または任意料金日 |
| --- | --- | --- |
| ホイットニー美術館 | $25 | 金曜19～21:30まで任意料金可 |
| アメリカ自然史博物館 | $23 | 開館時間内いつでも任意料金可 |
| クロイスターズ美術館 | $25 | メトロポリタン美術館の入館シールがあれば無料（ただし入館日から3日以内に限る） |
| メット・ブロイヤー | $25 | |
| ノイエ・ギャラリー | $22 | 第1金曜18～21時まで無料 |
| フリック・コレクション | $22 | 1月と9月を除く第1金曜18～21時まで無料。さらに水曜の14～18時まで任意料金可 |
| モルガン・ライブラリー | $20 | 金曜19～21時まで無料 |

## コツ 22 NYC

# ニューヨーカーのオアシス
# マンハッタン公園巡り

### ✪ 公園はニューヨーカーの憩いの場

　マンハッタンは、東京でいう山手線の内側くらいの面積しかないにも関わらず、セントラルパークやブライアントパーク、バッテリーパークにハイラインパークと**大きめの公園が多いのが特徴**です。旅行中に「天気のいい日に芝生に寝転んで日光浴をする」までの時間はないかもしれませんが、ニューヨーカーの憩いの場として親しまれている**公園を散策するだけでも、彼らの生活の一部を垣間見ることができます**。ここでは、場所的にも便利なエリアにあり、旅行中に気軽に立ち寄れる公園をいくつか紹介しましょう。

### ● セントラルパーク (Central Park)

　マンハッタンのど真ん中に位置し、ニューヨークでもっとも有名な公園。59丁目から110丁目までの南北約4km、東西は約800mと広大な敷地を誇る。ニューヨーカーはジョギング、日光浴、ピクニック、ビーチバレーなどでそれぞれの時間を楽しんでいる。セントラルパークが一望できるベルヴェデーレ城、ジョン・レノンの「IMAGINE」の文字が描かれている記念碑ストロベリーフィールズ、セントラルパーク動物園、手漕ぎボートが体験できるザ・レイクなど、観光スポットも数え切れないほどたくさんあり。

## ● ブライアントパーク (Bryant Park)

ミッドタウンの中心にある公園で、ニューヨーク滞在中、どこかへ向かう途中でたまたま通りすがる人も多いはず。夏は公園内に椅子とテーブルがたくさんあるので、休憩場所として使うのもよし、ご飯を食べるのもよし、と非常に便利。春から夏にかけては、公園内に巨大なスクリーンを置いて無料映画を上映していたり (P82)、

ヨガやダンスレッスン、冬はホリデーマーケット (P129)、スケートリンク (P83) など、一年を通して楽しめる公園と言える。隣にはライオン像が出迎えてくれるニューヨーク公共図書館がある。

## ● ハイラインパーク (High Line Park)

2014年に完成した空中公園。少し高い位置 (地上9m) からチェルシーの街並みを見下ろしながら歩く全長2.3kmの遊歩道のようなイメージ。もともとは高架鉄道だったところを巨大な空中公園 (庭園) に再生しただけあって、公園の一部として残されている線路もおしゃれ。なかでも、10番街スクエアといわれているガラス張りの階段はフォトスポット。チェルシーマーケットやホイットニーミュージアムと組み合わせて行くのがおすすめ。

本格的にハイラインを歩いてみようと思うなら、地下鉄7番線の34St Hudson Yards駅で降りて、北側の入口に向かうとよい。ちょっとだけ歩いてみたい場合は、14St駅 (A、C、E、L線) で降りて、ホイットニーミュージアムまで行き、そこと隣接している階段から北上するのが◎。

# ニューヨーカーはよく歩く！マンハッタン散歩のススメ

## ⭐ 渋滞が当たり前だから歩く！

　ニューヨーク、とくにマンハッタンは地下鉄もバスもタクシーも交通機関が非常に発達しているのでどこに行くのも便利ですが、意外や意外、**ニューヨーカーはよく歩きます。** その証拠に、街ゆく人を観察をしているとスニーカーを履いているニューヨーカーをたくさん見かけます。シックな服装を身にまとった女性でも、「通勤はスニーカーだけど、会社にビジネス用の置き靴があるわ」という人もいるほどです。

　この背景には健康志向のニューヨーカーが増えたこともありますが、タクシーがつかまらなかったり、道が大渋滞を起こしていたりとなると、**ニューヨーカーは「歩く方が早い」** と考えるようです。そして、歩くスピードもとにかく速い！　これは真似すべきではありませんが、車が来ていなければ信号無視もお構いなし。片手にコーヒーを持って肩にはトートバッグ、足元はスニーカー、急ぎ足で街を闊歩すれば、あなたも"なんちゃってニューヨーカー"気分を味わえるかもしれません。

## ⭐ 旅行者に薦めたい、歩くと楽しいエリア

　マンハッタンはとても歩くのに適した街と言えます。**碁盤目の道はわかりやすく、エリアごとに風情があり、公園も多いので休む場所もたくさん。** さらに、刺激的なお店や建物などがたくさんあるため、歩いていて楽しい場所です。

第4章 刺激的な街NYの歩き方

　時間が限られた旅行者は交通手段を上手く利用して移動するのがベストですが、たまにはお散歩がてら街の雰囲気を楽しみつつ、ニューヨーカー気分で歩いてみてはいかがでしょうか？　そこで、ニューヨーク市民の生活が垣間見れる、歩いていて楽しいエリアを紹介しましょう。

● **グリニッチビレッジ (Greenwich Village)**
　石畳の道に煉瓦造りのアパートが連なり、スタイリッシュなニューヨーカーの生活を垣間見れるエリア。ジャズなどニューヨークの芸術の中心地でもあったことから、センスよい店が立ち並ぶ。美味しいカップケーキの店やドラマ「SATC」の主人公が住んでいたキャリーの家もある。

● **ロウワーイーストサイド (Lower East Side)**
　かつてはユダヤ人などの移民が多く住んでいたエリアだが、近年、人気が高まり、「ニューミュージアム」が移転してきてギャラリーが増えるなど、オシャレなエリアへと変わりつつある。ユダヤ系の移民が多かった名残から、本物のベーグルが味わえる店やパストラミサンドの名店など美味しいレストランやバーが多い。庶民派屋内マーケットである「エセックス・ストリート・マーケット」をのぞいてみるのも楽しい。

# 写真スポットと言えばココ！
# "橋"から眺めるマンハッタン

## ★ 二大ブリッジ、どちらがお好み？

マンハッタンは細長い島のようになっているので、ブルックリンやクイーンズとの間は橋でつながっています。とくに、マンハッタンとブルックリンをつなぐ橋はニューヨークを代表する橋と言え、「写真スポット」としても訪れる価値があります。

まず、言わずと知れた有名な**ブルックリン橋は、鋼鉄のワイヤーを使った世界最初の吊り橋**です。上層と下層（2階建てのような感じ）に分かれていて、上層は人と自転車、下層は車が通るようになっています。橋のたもと付近が写

マンハッタンのビル群とともにブルックリン橋を入れたショットも◎

真スポットになっているのですが、自転車もバンバン通るため、気をつけて撮影しましょう。この橋を歩いて渡ると意外と長く、30分くらいかかるので行きだけ歩いて帰りは地下鉄で、というルートがおすすめ。その場合、ブルックリンのHigh St駅（地下鉄A、C線）または、York St駅（地下鉄F線）でマンハッタンに戻ります。ちなみにマンハッタン側のブルックリン橋からの最寄り駅はBrooklyn Bridge City Hall駅（地下鉄4、5、6線）となります。

次に、**マンハッタン橋**。ブルックリン橋と比べると知名度は下がりますが、マンハッタン橋からは、**ブルックリン橋の全景を入れた撮影ができる他、ウォール街もキレイに撮れるので、意外な穴場・**

第4章 刺激的な街NYの歩き方

**写真スポットと言える**のです。こちらも歩いて渡ることができ、マンハッタン側の入口はチャイナタウンから少し歩いたところになります。

## ★ 橋も含めての撮影スポットならココ

ブルックリンのダンボと呼ばれる地域に、**ビルの間からマンハッタン橋が見えて、その橋の下の柱の中に小さくエンパイアステートビルディングが見える場所**があります。まさに橋とエンパイアステートビルディングが同時に写真に収められる絶景スポット。York St駅（地下鉄F線）で降り、Washington St.とWater St.が交差する付近からこの景色が撮れます。

美しいフォルムをしていて写真映えするマンハッタン橋

また、このダンボという地域には**ブルックリン・ブリッジ公園**があり、ここからはなんと**マンハッタン橋とブルックリン橋の両方を拝められます**。夜に行くと、そこから見えるマンハッタンのビル群の夜景もすごくキレイですが、駅からの道に明かりが少ないため、一人で行くのは避けたほうがよいでしょう。

### 耳よりコラム

#### ニューヨーク最古の橋"ザ・ハイブリッジ"

マンハッタンとブロンクスを結ぶ「ザ・ハイブリッジ」。1848年に建設されたニューヨーク市でいちばん古いこの橋は、以前は水道橋として使われていましたが、老朽化が原因で閉鎖され、2015年に再び市民のもとへ帰ってきました。橋の上からは、高速道路やジョージ・ワシントン橋を見学でき、マンハッタンとブルックリンをつなぐ橋とは、一味違う景色を楽しめます。

> コラム

\ グルメ、憩い、レトロな風情 /
# NY市民に愛される島 4選

### シティアイランド (City Island)

知る人ぞ知る"海鮮の島"。メイン通りであるシティアイランドアベニュー沿いでは新鮮かつマンハッタンより安価なシーフード店が軒を連ねている。行くなら是非ロブスターを。地下鉄(6番線)とバスを乗り継いでも行けるが、車かタクシーだとベター。

### ガバナーズアイランド (Governors Island)

5月頃から10月くらいまでの期間限定でオープンしている島。マンハッタンからフェリーで5〜10分とは思えない、のんびりした空気が流れたピースフルな島。週末は混み合うので、できれば平日に行くのがおすすめ。自転車を借りて島内をめぐれば、のどかな島時間を満喫できるはず。

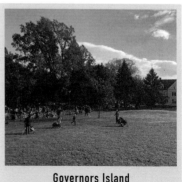

ニューヨーカーの週末の過ごし方で多いのが近隣の島へのエクスカーション。グルメを堪能したり、サイクリングを楽しんだり、都会の喧騒を忘れて、のんびり時間を過ごせるおすすめの4つの島を紹介します。

### ファイアーアイランド (Fire Island)

島内に車は走っておらず、高い建物もなく、まるで南の島に来たかのようなバケーション感覚が味わえる長細い島。鉄道＆フェリーを乗り継いで行く必要があり、やや上級者向けのアクセスとなるが、ペンステーションで「ビーチパッケージチケット（Beach Package Ticket）」を買うのがお得で便利。

### コニーアイランド (Coney Island)

「レトロ」という言葉がぴったりくる島（現在は島の一部が埋め立てられ、半島のようになっているが、かつては島だった）。駅近にある「ルナパーク」は、映画で見たようなレトロ感あふれるザ・アメリカの遊園地。ビーチもあり、有名店「ネイサンズ」のホットドッグ片手にお散歩も気持ちよい。

# ニューヨーク名物"摩天楼"
# 高層ビルあれこれ

## ★ 展望台もある三大高層ビル

　マンハッタンをイメージして思い浮かんでくるのは、たくさんの高層ビル群ではないでしょうか。20世紀初頭から建て始められた高層ビルはニューヨークの繁栄とともに次々に建設が進められ、現在でもその数を増やしています。

　なかでも、マンハッタンの展望台付きビルといえば、以下に挙げた3つです。いずれのビルも**ニューヨークという街を彩る名物になっていますが、展望台からの景色は素晴らしい**のひと言。展望台からニューヨークを眺めると、普段歩いている街並みがミニチュア模型のように感じられ、ちょっと不思議な気分に浸れます。なお、いずれも入場券売り場が混雑することもあるので、**チケットはオンラインで事前に購入するのがおすすめ**です。

### ● ワン・ワールド・トレード・センター（One World Trade Center）

　2015年に完成した、104階建てのワン・ワールド・トレード・センター。2001年の同時多発テロのあとに新しく建てられたこのビルはアメリカ復興の象徴ともなっています。その100～102階部分にあるのが現在ニューヨークで一番高い展望台「ワン・ワールド・オブザーバトリー（One World Observatory）」。市内を360度、

一望できます。展望台までのエレベーターで102階までいっきに駆け上がる1分間に、1500年から現在までのニューヨークのスカイラインが形成された過程が映し出されるのもお見逃しなく。

● **エンパイア・ステート・ビルディング（The Empire State Building）**

かつては世界一を誇った高さ381mのエンパイア・ステート・ビルディング。数多くの映画やドラマの舞台になっているため、現在でも人気観光地のひとつで、日替わりで色が変わるビルのライトアップも有名です。こちらの展望台へはアールデコ調の黄金ロビーを通って、メインの展望台のある86階に向かいます。そこから102階までも上がれますが別途料金となるので注意。ちなみに、夜中の2時まで開いているため、夕食後など時間を有効に使えるメリットも旅行者にはうれしいポイントです。

● **ロックフェラー・センター（Rockefeller Center）**

ミッドタウンにあるロックフェラー・センターは、冬になるとクリスマスツリーやスケートリンクなどができて、ニューヨーク市民の憩いの場になっています。その展望台が「トップ・オブ・ザ・ロック（Top of the Rock）」です。今回紹介する3つの展望台の中では高さはいちばん低いですが、エンパイア・ステート・ビルを真正面から眺めることができるなど、迫力ある景色が堪能できます。70階にはガラス窓がない場所もあり、少し怖いですが、他の展望台とは違う感覚を味わえます。

コラム

### テーマ&エリア別！

# NYの歩き方
# @ブルックリン(Brooklyn)
## ～工場跡地など、この地区の歴史に触れる旅～

近年、オシャレエリアとして大注目のブルックリン。古きよき趣きある
建物などの外観はそのまま残し、中を改装するようなホテルなども多いです。
そこで、街の風情&ビールを楽しむ大人旅をご提案します！

---

**12:00**

地下鉄L線「Jefferson St」駅からスタート

▶▶ **ブッシュウィック・コレクティブ**

ブルックリンのストリートアートと言えば、ここブッシュウィック。駅周辺にはたくさんの壁アートが描かれていますが、中でもトラウトマンストリート（Troutman St.）には外の壁に描かれた、多くのストリートアートを目にすることができます。壁を1枚のキャンバスとして描いている大胆なアートと街並みのバランス感が最高です。

---

**13:00**

地下鉄L線「Bedford Ave」駅に移動し、駅から徒歩8分ほど

▶▶ **ブルックリンビール醸造所**

ニューヨークのバーやリカーストアで見かける緑のBと書かれたステッカーはブルックリンビール醸造所の目印。テイスティングルームでは定番のブルックリンラガーはもちろん、普段は見かけないビールもいろいろ楽しめます。

---

**15:00**

ブルックリンビール醸造所からバスB32に乗り
5駅目の「Wythe Ave/S3St」で下車、徒歩4分ほど

▶▶ **ドミノパーク**

アメリカで砂糖と言えば「ドミノシュガー」。この砂糖を製造する工場はかつて、この地にあり、世界最大を誇る工場でした。2004年に閉鎖後、2007年に市の歴史建造物として認定されたのち、2018年6月にオープンしたのがドミノパーク。総面積6エーカーの公園で、ミニチュアの砂糖工場をイメージした遊具のあるプレイグランドも必見。

---

※時間は目安です。GPS付の地図を片手にまわるのが◎

# 第 5 章

# エンタメ＆スポーツを楽しむ

コツ 26 NYC

# 世界の流行発信地NYでは情報はこう集める！

## ⭐「Time Out（タイムアウト）」はこう活用せよ！

イベントが大好きなニューヨーカー。**週末ともなれば各地でイベントが繰り広げられ、どこに行こうか迷う**ほどです。では、ニューヨーカーはどのように情報収集をしているのでしょう。

ニューヨーク市内では無料で配布されるフリーペーパーはたくさんあり、それらを利用しない手はありません。なかには、ローカル中のローカル紙「W42st」(ヘルズキッチンで発信されているもの)などもありますが、**市内でもっとも有名なものといえば、情報誌「Time Out NEW YORK」**。主要な地下鉄の駅近くで配られており、ホテルのコンシェルジュのいるブースに置かれていることもあります。配布場所はHPに載っていますが、**ウェブサイトでも同様の記事が載っています**ので、どちらからでも今週末のイベントから、ニューオープンのお店、話題の映画など、いろいろな記事をチェックできます。その他も含め、おすすめの情報収集サイトをいくつか挙げておきます。

● **Time Out NEW YORK**（⇒ Things to do in NYC から探しましょう）
https://www.timeout.com/newyork

● **Best events for 12 months**（⇒知りたい月をクリックするとイベントが一覧で出てきます）
https://www.events12.com/newyork

● **NYC Parks**（⇒ニューヨーク市内の公園で行わ

ニューヨーカーの情報収集源と言える「Time Out」

れるイベント中心。平日に行われるものもある。無料のものが多い)
https://www.nycgovparks.org/events

## ★ 平日夜はアートギャラリーのオープニングへ

イベントはたいてい週末に行われることが多いのですが、**平日の夜に開催される"THIS IS NY（これぞNY）"的なイベントと言えるのが、アートギャラリーのオープニング・レセプション**です。チェルシーやローアーイーストサイドにはギャラリーがたくさんあり、もちろん普通に見学してもいいのですが、**レセプションのときは必ずその個展のアーティストも在籍するため、解説なども聞け、作品を深く知ることができる**のです。会場内でワインなどを出してくれるところもあり、優雅な気分で「ニューヨークでアートを鑑賞している自分」を体験できます。

一見、探しにくそうですが、とっても簡単で、ネットで「New York, gallery, opening reception」と打ち込めばOK。入場無料の場合が多いですが、そのあたりもHPの記載をチェックしましょう。なお、展示の内容を英語で書かれたウェブサイトだけで知るには難しく、たまに自分が思っていなかった作品ではないときもありますが、一期一会だと思い、楽しみましょう。

> **耳よりコラム**
>
> **Time Outの意外な楽しみ方!?**
>
> 「Time Out」は連載記事もとても面白く、例えば「見知らぬ男女2人をピックアップしてブラインドデートをさせる」というユニークな企画もあります。二人の第一印象や会った後の感想などが載っているのですが、女性の男性に対する評価が厳しい印象を受けます。これもまさに意見をはっきりいうニューヨーカーらしいですよね。

# これを観ずには帰れない！ブロードウェイの観賞のコツ

## ⭐ ブロードウェイの「オン」と「オフ」とは？

　ニューヨークで外せないエンターテイメントと言えば"ブロードウェイ・ミュージカル"。ブロードウェイとは、もともとはマンハッタンを南北に走る道路のひとつのことを表しているのですが、**タイムズスクエア付近のブロードウェイ通り近くにたくさんの劇場ができたことから、ブロードウェイ・ミュージカルと呼ばれるようになった**そうです。今はブロードウェイ・ミュージカルまで言わず、「ブロードウェイ」と省略されることも多いです。

　ちなみに、通常のブロードウェイの座席数は500席以上ですが、**「オフ・ブロードウェイ」はそれよりも小さい会場で行われています**。会場が小さい分、演者と観客の距離も近いのでパフォーマーの表情も間近で見れたり、低予算で組めることから個性的で実験的な作品も多くあるのです。また、このオフ・ブロードウェイで人気を集めたら、ブロードウェイに昇格することもあります。

## ⭐ 英語がわからなくても楽しめる演目を選ぶと◎

　ニューヨークでは毎日様々な演目が上演されているため、「ミュージカルの本場で何を観ようか」と悩むのも当たり前。チケットも高いので、演目選びは慎重になってしまいます。定番と言われているものをいくつか挙げると**「ライオンキング」「アラジン」「シカゴ」「オペラ座の怪人」「ウィキッド」というようなラインナップ**になります。いずれも有名な作品ですが、英語で内容を把握するのはなか

なか難しいので、観たい作品が決まったら事前にストーリーを把握しておくとよいでしょう(日本語音声ガイドがあるものもあり)。

一方、オフ・ブロードウェイでのおすすめは「Blue Man Group」と「STOMP」。**両演目ともセリフのない、小道具を楽器として使う音楽パフォーマンス**なので、観ていても飽きない迫力があり、ロングランの地位を築いています。

劇場の入口からすでにスタートするブロードウェイ体験

## 公演後に小腹がすいたら

夜の公演はだいたい18〜22時ごろまで。夕食を食べるタイミングを逃す人も多いようです。そこで、ミュージカルが始まる前に小腹を満たしておくなら、**劇場近辺の43丁目沿いにあるメキシカン料理「LOS TACOS No.1」**がおすすめです。スタンド形式で立ち食いですが、並ぶ時間も少なくて済みます。公演後なら、**ニューヨーク名物「Junior's (ジュニアズ)」のチーズケーキ**をホテルにテイクアウトして食べるという方法もアリ。濃厚かつクリーミーな味がやみつきです。その他、**8番街にあるフードコートの「City Kitchen」**も便利ですよ!

タコス1個から注文できる手軽さが◎

# 旅行前？ 公演直前？
# ブロードウェイチケット入手法

## ★ 目的に応じて、賢くチケットを購入！

　ブロードウェイ・ミュージカルのチケット購入方法は様々にあり、どのような形でチケットを準備するかで、ブロードウェイの思い出の良し悪しまでが変わると言っても過言ではありません。**もっとも重要なのは、目的に応じて購入方法を選ぶこと。**絶対に観たい場合は事前にオンラインで購入しておかねばなりませんし、滞在中の思い出づくりに何か観たい程度なら、旅の予定の隙間に安くなったチケットを購入する方法で充分です。目的に合わせて賢く検討を！

## ★ 確実に観たいなら、日本からオンライン予約を

　「ブロードウェイ・ミュージカルを旅の第一目的にしている方」「お年を召した方」「2〜3人で並びの席を取りたい方」には、事前予約が◎です。**メリットは「希望日に確実にチケットが取れる」「よい席が選べる」**こと。作品の公式HPからの購入はもちろん、幅広く公演のチケットを一挙に扱うチケットサイト「Playbill」や「BroadwayBox」などから購入可能です。購入方法は、各HPから演目を選び、日にちや人数を選ぶと、そこから購入可能な座席のページにいくのでマウスを合わせて席を選びます。希望のシートを選んだら、チケットの受け取り方法を選択。携帯画面にQRコードが送られ、それがチケットになる「Go Mobile」や、自宅でプリントアウトして持参するものなどを選べます。支払いはクレジットカードからとなります。**演目によっては早割があり、40％引きで購入**

第5章 エンタメ&スポーツを楽しむ

できる場合も！　日本語で購入できるサイトもありますが、代理店を通した価格となり、割高になるので注意しましょう。

## ⭐ 当日券を買うなら"tkts"へ

タイムズスクエアにある「tkts(チケッツ)」では、ブロードウェイ・ミュージカル(オフ・ブロードウェイも含む)の当日券を、20〜50%の割引価格で買うことができます。当日、席の空いているショーのみ格安で販売されるため、希望の公演チケットが買えるとは限りませんが、「お一人様」や「観たい作品が複数ある人」「ブロードウェイ・ミュージカルを観るという経験をしたい人」にはおすすめです。

タイムズスクエアにある「tkts」はもはや観光名所のひとつ

tktsの場所はタイムズスクエアの他、サウスストリート・シーポート、リンカーンセンターにも設置されています。タイムズスクエアはいつも混んでいるので、残りの2つのどちらかで購入するのがおすすめです。また、現在は携帯アプリの「tkts」もあり、ここでその日に割引対象になる演目がわかるようになっているので、事前にチェックしておくと無駄足にならずにすみますよ。

その他、Lottery(ロタリー)の抽選に参加する方法もあります。公演前までに登録しておく"オンラインくじ"なのですが、当たれば非常に安くチケットを購入できます。滞在中、複数の作品のくじに参加して「当たればラッキー」くらいの感覚で臨むのがよいでしょう。さらに、**窓口開始時間に行き、早いもの勝ちで安いチケットを入手する「General Rush」**という方法もあり。ただ人気のショーはかなり前から並んでいるので、忍耐と覚悟が必要となります。

# 憧れのメジャーリーグを満喫 「NYヤンキース」観戦の掟

## ★ ヤンキースタジアムへ行こう！

4月から9月はメジャーリーグのシーズン。アメリカは、アメリカンフットボールの方が人気が高いようですが、ベースボールファンももちろん健在。試合会場は常にファンからの熱い熱気にあふれています。

日本人選手も活躍するヤンキースタジアム

ニューヨーク市には、**本拠地をヤンキースタジアムとするニューヨーク・ヤンキース (New York Yankees) とシティフィールドを本拠地とするニューヨーク・メッツ (New York Mets) というメジャーリーグチームがあります**。今回はヤンキース観戦を例にあげ、観戦の際のコツをご紹介したいと思います。チケットの入手方法ですが、球場の窓口でも買えますが、やはり公式HPからの事前購入が◎ (https://www.mlb.com/yankees)。チケットが手配できたら球場へ。**ゲーム開始ギリギリに行くより、時間に余裕を持って行きましょう。ヤンキースタジアムへは地下鉄で行くのがベター**（ミッドタウンから約40分ほど）。地下鉄B、D、4番線の「161St Yankee Stadium」の駅を下車すると、目の前にスタジアムが見えます。

## ★ ノベルティが配られていたらラッキー！

球場に到着すると、まずはセキュリティーチェックがあり、**大き**

■ 第5章　エンタメ＆スポーツを楽しむ

**なカバンや水以外のペットボトルは持ち込めない場合があるので注意**しましょう。中に入ると、アイスマスク、ニット帽、ミニチュアのバットなどのノベルティ（記念品）がもらえる場合もあります。忘れずにもらいましょう。入口付近にお土産屋さんがあり、ヤンキースのキャップやTシャツなどが売られています。これらを身につけて観戦している人が多く、一体感を味わえる＆記念にもなるのでお土産に最適です。最初に自分の席をチェックしたら、スタジアム内にあるヤンキース・ミュージアム（入場無料）ものぞいてみて。ヤンキースの歴史を学べる展示がされていて興味深いです。

　試合開始が近づいてきたら、スナックやドリンクなどを購入して野球観戦に備えます。値段は会場価格なだけあって、どれも高めですが、ロゴの入ったヘルメット形のカップにアイスクリームが入ったユニークなものもあります（店によって異なる）。

　なお、試合終わりは**地下鉄内も混み合いますが、タクシーを使おうとすると渋滞で非常に混み合い、思わぬ金額になることも**あるのでご注意ください！

ヤンキースのロゴが入ったノベルティ

### ！ ここに注意！

#### バッターが座席に立っているときは……

試合途中にトイレに立ち、席に戻ろうとすると警備員から止められることがあります。最初、何を言っているかわからず、むやみにチケットを見せていましたが、どうやらバッターが打席に立っているときは終わるまで待たねばならないとのこと。日本とは違う習慣なので気をつけましょう。

# ジャズの聖地ニューヨークで本場の音に酔いしれる

### 🛡 生活の身近にあるNYの"ジャズ"

1900年頃にルイジアナ州のニューオリンズで誕生したと言われるジャズミュージック。それからミュージシャンたちは拠点を移し、1920年代後半にニューヨークはジャズの中心地となりました。

日本でジャズクラブに行ったとき、生で聴く演奏に感激したものの、結構な出費がかさみ、「これは特別な日に限るなぁ」と思った記憶があります。しかし、**ニューヨークはジャズの聖地だけに、ジャズクラブの敷居はぐっと下がります！** ジャズは街中にあふれていて、地下鉄のホームで、公園の一角でと、あちこちでジャズミュージックに触れることができるはずです。

### 🛡 ミュージックチャージ（入場料）に注意！

異国の地でジャズを聴きに行くのに「予約は？」「予算は？」と様々な不安があっても心配無用。まず予約についてですが、ほとんどのジャズクラブでは予約は必要ないと言われています。ただ、もし事前にジャズ観賞する日が決まっている場合は、予約した方が気持ち的に落ち着くでしょう（予約不可の店もあり）。**予約の有無に関わらず、席は先着順**。当日は開演約30分前までには到着するようにしましょう。料金についてですが、ほとんどのクラブでは**約$20〜のミュージックチャージ**がかかります。**店によっては食事代の最低（ミニマム）料金が決められている**のでご注意を。

## ⭐ 雰囲気の異なる、2つのジャズクラブ

　ミッドタウンにある**「バードランド (BIRDLAND)」は、ドレスアップ率が高いジャズクラブ**ですが、セミフォーマルレベルで大丈夫。男性なら襟付きシャツ、女性は少しキレイめの服装であれば◎です。この店ではジャズ発祥の地で有名な南部料理を提供しているので、演奏が始まるまでにフード類をオーダーしましょう。とはいえ、しっかりした食べ物をオーダーしなくても大丈夫。軽食程度にして、お酒とともにじっくりとライブ観賞している方もいるのでご安心を！（一人につき＄10をミニマムチャージとしています）

　一方の**「スモールズ (smalls)」は会場が狭い分、演者との距離も近く、店内で感じるノスタルジックな雰囲気もいい感じです**。さらに、プロを目指す人からみても、ラインナップのレベルが高く、ジャズを学んでいた友人曰く「夜中に近くなる回の方がおすすめ」とのこと。ここは予約できませんので、チケットは地下につながる入口で購入しましょう。アットホームな雰囲気ながらも、観客をジャズの世界に引き込んでいく演奏は聴きごたえたっぷりです。

　気になる服装ですが、**「バードランド」**のように会場が大きく、ご飯もしっかり食べられるライブ会場には、セミフォーマルで来ている方が多いです。しかし、**「スモールズ」**などの会場が比較的小さいライブハウスにはカジュアルな格好でも大丈夫ですよ。

「バードランド」
https://www.birdlandjazz.com
「スモールズ」
https://www.smallslive.com

NYの中では老舗とも言われる「BIRDLAND」

# 目で、耳で、肌で感じる迫力！
# 生のゴスペル体験に行こう

## ⭐ ゴスペルは主に日曜日に開催

　ゴスペル音楽はアフリカ系アメリカ人の奴隷制度とともに生まれました。ヨーロッパ諸国による奴隷貿易が18世紀にさかんに行われ、1808年に禁止された後もアメリカ国内で暮らすアフリカ系アメリカの人たちの生活は変わらなかったのです。そんな時代に**みんなで集まり、祈り、歌うことから始まったのがゴスペル**。宗教儀式のひとつであるため、主に礼拝日である日曜日に行われています。ニューヨーク観光でゴスペル観賞を入れたい場合は、旅行日程に日曜日を挟むようにしましょう。

## ⭐ 観賞中は宗教儀式であることを忘れずに！

　通常、**ゴスペルが聴ける教会がある地域はマンハッタンの北側にあるハーレム (Harlem)**。タイムズスクエア付近にもありますが、数でいうとハーレムの方が断然多いです。ハーレムまでは地下鉄を使うのが便利です。当日はゴスペルを聴きに来る観光客も多いため、ストリートに自分が一人だけ歩いているということはあまりないでしょう。教会は最寄り駅から歩いて15分以内であることが多いですが、当日は時間に余裕を持って行きましょう。その日によって待ち時間は異なりますが、私は2時間前に行ったものの、すでに列ができていたこともあります。

　また、**ビーチサンダルや短パン、バックパックなどでの入場を禁止している教会もあります**。以前、私が行ったときは服装について

注意され、泣く泣く去って行く人をみかけたことがあります。

**もっとも重要なのは、ゴスペルは彼らにとっては宗教儀式であることを忘れないこと**。礼拝の一環なので、神聖な場であることを意識せねばなりません。会場内は原則、撮影禁止です。終了後には、寄付金を募る皿や袋のようなものが回ってきます。好きな額を入れればよいのですが、＄3〜5くらいが多いようです。ゴスペルに行くときは、あらかじめ小銭を用意しておきましょう。

ハーレムにある教会。荘厳な雰囲気

## ⭐ ゴスペル観賞のついでに、ぜひハーレム散策も

ゴスペルを聴きにハーレムまで行ったなら、同日はハーレムの駅近くを散策するのもよいでしょう。ニューヨークはエリアごとに独自の歴史があり、**ハーレムも特有の空気を感じ取ることができます**。なかでも、**シャッターアートやアポロシアター（Apollo Theater）がおすすめ**。シャッターアートとは、以前は暴動が絶えなかった街を明るく変えたいと画家であるフランコ氏(Franco the Great)が125丁目に並ぶお店のシャッターに描き始めたアート作品のことを指します。ただ、お店が営業をしている間はシャッターが開けられているため、見学できません。**シャッターアートを見たい場合は、ゴスペルの前に行くのがコツ**です。アポロシアターは外観だけでなく、ショーも見たい場合は2月頃から11月頃の水曜夜に行われている「アマチュアナイト」がおすすめ。文字通り、プロになるための登竜門のようなイベントです。

# マンハッタンを自転車でまわる"サイクリング観光"に挑戦!

## ★ ニューヨーカーの新しい足"シティバイク"

近年の健康ブームにのって、ニューヨーカーに人気が高いのが自転車移動です。ニューヨークで自転車を利用する場合にもっともメジャーなのが、青い車体が目印のシティバイク (citibike ／ https://www.citibikenyc.com) を利用する方法です。24時間レンタル可能な共有自転車のことで、現在は750ヶ所以上のステーション(自転車を借りたり返したりする自転車置き場)があります。

料金プランはいくつかありますが、**観光で使うなら「1回乗り切り」「1日乗り放題」が◎**。1回乗り切りは＄3。30分以内にどこかのステーションに返却しなければなりません。一方、1日乗り放題は＄12で、借りた時間から24時間何度でも利用可能。ただし、**1回の利用につき30分という時間制は同様**なので、30分を超える場合は、一旦どこかのステーションに返却し、別の自転車に乗り換える必要があります (30分を超えると15分につき＄4の延長料金あり)。

利用方法はステーション脇にある、自販機のような機械からクレジットカードでチケットを購入します (現金は不可)。「Rent a bike」を選択し、パスの種類や自転車の数、電話番号や郵便番号などを入力し、クレジットカードで支払いをすると、5桁の暗証番号が表示されるので

イラスト付きの表示なので利用手順もわかりやすい

第5章　エンタメ＆スポーツを楽しむ

必ずプリントボタンを押して印刷しましょう。自転車に乗るときにこの暗証番号を入力するとロックが解除されます。返却するときは、空いている場所に自転車を差し込みます。緑のランプがついたら返却できたサインです。

## ★ シティバイクを利用する注意点

自転車に乗るときは歩道ではなく、車道を走ることになります。車の往来の多いマンハッタンの街ですから、事故には十分に気をつけましょう。また、夜間などに多いのですが、返却しようと思っていたステーションはすでに全部埋まっていて返せない場合もあり。そんなときは、新たに他のステーションを探す必要があるので、時間に余裕を持って返却するようにしましょう。なお、自転車にカゴはついてないので荷物は軽装にしましょう。

## ★ おすすめのサイクリングコース

ニューヨークでおすすめのサイクリングコースと言えば、**ブルックリンブリッジを渡るコースやハドソン川沿いやセントラルパーク内を走るコース**。ただし、ブルックリンブリッジの橋に入る両入口付近は混雑しているので、気をつけましょう。また、シティバイクの場合は30分という制約があります。時間を気にせず利用したい場合は、付近にあるレンタサイクル屋さんを利用したほうがベター。少し値段はお高めですが、時間を気にせずサイクリングが楽しめます。

自転車で渡るブルックリンブリッジはまさに爽快！

# 映画に、ヨガに、英会話！
# 無料で楽しめるアクティビティ

## ★ 無料とは思えないクオリティ！

物価の高いニューヨークのイメージですが、探してみると**無料で楽しめるアクティビティがいろいろと存在します**。無料と言ってもあなどるなかれ！　意外とクオリティが高く、満足度も高いものが多いのです。ただし、無料のアクティビティだけにいきなり休止になる場合もあるので、必ず事前にHPなどできっちりと調べてから行きましょう。

### ● 無料で映画

6〜8月までの夏季に行われる、ブライアントパークに設置される**巨大なスクリーンでの野外映画の観賞イベント**。上映は日没後の21時前後から開始となりますが、18時頃から場所取りしながらピクニックしている人も多いです。芝生に敷くブランケットやスナック、ドリンクも持ち込み可。軽食を売っているベンダーも公園近くにあります。開放感たっぷりの中、ニューヨークのど真ん中での映画観賞は素敵な思い出になりますよ。

http://bryantpark.org/programs/movie-nights

### ● 無料で英会話

**ニューヨーク公共図書館で行われている英会話レッスン**。講師はネイティブのボランティアの方々や教師を目指している人たちで構成されています。予約が必要なクラスもありますが、事前登録の必

要ない単発のクラスもあり。受付をすると、テーブルがいくつかあり、好きな席に行くように指示されます。授業はリスニングと英会話中心で、ビデオとテキストを使って授業が進められます。参加者はニューヨークに来たばかりの英会話初心者も多い印象です。

https://www.nypl.org/events/classes/english
（上記サイトから入りDrop-in English Conversation Classesをクリック。ロケーションも絞れますが、場所は42丁目のMid-Manhattan Libraryが便利）

● **無料でヨガ**

　春、夏限定（だいたい5月末〜9月末）ですが、**ブライアントパークでヨガを開催**しています。ヨガマットも貸してくれるので身ひとつで会場に行ってヨガを体験できます（先着順）。ちなみに、火曜日は午前中にアッパーテラスにて、木曜日は午後に芝生にて行われていますが、火曜日は少人数制で本気度高め、木曜日は大人数で初心者もOKという印象です。

http://bryantpark.org/programs/yoga

### 耳よりコラム

#### 入場料無料のスケート場

毎年11月くらいになると、ブライアントパークの芝生がスケートリンク場になり、冬限定でオープンします。通常、ロックフェラーセンターなどのスケートリンク場は入場料がかかりますが、こちらは入場無料。ただし、スケートシューズのレンタル料はかかるのでご注意を。

# NYの歩き方
## @アップステート (Upstate)
### ～アート&アンティークに触れる旅～

テーマ&エリア別！

「アップステート」とはニューヨーク州の北部などのエリアを表し、
ハドソンリバー沿いなどニューヨーク市から離れた郊外のこと。
のんびりとした時間が流れるこのエリアで、芸術や骨董品を楽しんでみては?

**10:00**

グランドセントラル駅から
メトロノース鉄道ハドソン線に乗り90分。
「Beacon」駅下車、徒歩10分

※電車の往復券とディア：ビーコンの入場券が
　セットになったものもあるが途中下車等は不可

▶▶ **ディア：ビーコン （Dia:Beacon）**

電車に揺られること1時間半。マンハッタンの喧騒を離れてまず向かうのはナビスコの印刷工場を改修して作られた現代美術館「ディア：ビーコン」。とにかく広い館内は見ごたえもたっぷり。自然光が差し込む贅沢なスペースは、空間そのものも楽しめます。

**13:00**

ハドソン線で「Beacon」駅から2駅目の「Cold Spring」駅下車

▶▶ **コールドスプリングの街でショップをぶらり**

ビーコン駅から電車ですぐのコールドスプリング駅。駅前のメインストリートには昔ながらの小さくて可愛らしいアンティーク店が並んでいます。ちなみにコールドスプリングは緑あふれる豊かな街、散歩にぴったりです。

**16:00**

「Cold Spring」駅からハドソン線で
「Grand Central」駅へ戻る

▶▶ **グランドセントラル駅も忘れず見学**

旅の終着駅も見逃せない観光スポット。ニューヨークの3大ターミナル「グランドセントラル駅」は歴史的名所のひとつ。薄明かりのオレンジの光がなんとも言えない恍惚感を醸し出し、佇むだけでタイムスリップしたような感覚になります。そのまま駅にあるフードコート(P95)で夜ごはんも◎。

※時間は目安です。GPS付の地図を片手にまわるのが◎

{ 第6章 }

# 幅広いグルメを堪能

# NYのレストラン事情で知っておくべき基本のルール

## ⭐ 失敗のない食事を楽しむには？

世界的に有名なスターシェフの店からB級グルメまで、**世界各国の料理が集まり、常にトレンドを生み出しているニューヨークのグルメマーケット**。レストランも星の数ほどあり、どこで食べるか悩んでしまうほどです。予約やチップなど日本とは違う習慣を含め、ニューヨークのレストランに関わる基本をマスターし、スマートに食の時間を楽しみましょう。

## ⭐ 金土日は予約した方がスムーズ！

**ニューヨークのレストラン探しでよく使われるのが「Yelp」**というアプリ。場所、値段、フードジャンルなどフィルターをかけて調べることができます。利用者のレビューを見ることで、お店の雰囲気もわかるのでとても役立ちます。

店が決まったら予約です。ステーキなどの人気の高級レストラン以外は、基本的には予約の必要はありませんが、**あらかじめ行くレストランが決まっている場合はインターネット、または電話で予約をしたほうがベター**。ガイドブックに載っている店は人気店ゆえに18〜21時くらいまでのコアタイムに行っても入れない場合があるからです。とくに**週末にかけては混み合う可能性が非常に高くなります**。日数が限られる旅行だけに、効率よくいきましょう！

# 第6章 幅広いグルメを堪能

## 🌟 タップウォーター＝無料のお水と覚えておこう

　当日、レストランに到着後は入口にいるスタッフに軽い挨拶をしましょう。挨拶は交流の基本ですから、その後のやりとりがスムーズです。**予約している場合は、「I have a reservation at（時間）for（予約の名前）」、取っていない場合は「Table for two, please?（2名ですが、席はありますか？）」などと人数を伝えます。**

　その後、メニューを選ぶのですが、ここで知っておきたいのが飲み物について。ニューヨークのレストランでは無料の水（水道水）を「タップウォーター（Tap water）」と言い、有料の水は「ボトルウォーター（Bottled water）」となります。炭酸入りは「スパークリングウォーター（Sparkling water）」、炭酸なしは「スティルウォーター（Still water）」となります。

　食事が終わってからの精算は基本的に席で行います。**レストランでのチップは15～25％（P17）が一般的**です。食べきれず、持ち帰りたいときは「Can I take it to go?（持ち帰りしたいのですが）」と言うと入れ物と袋をくれるので、それに詰めましょう。

### 耳よりコラム

#### ランク付けされているレストランの衛生レベル

ニューヨーク市内のすべての飲食店では衛生面をランクで表すシステムが導入されています。それぞれのレストランは、厳正な衛生検査を受け、市衛生局の基準によりA、B、Cの評価で表され、その評価は張り紙としてお店の店頭に貼らなければなりません。市内でレストランを選ぶ際の基準としてチェックしてみましょう。

# アメリカングルメの二大定番 ハンバーガー&ステーキ

## ⭐ ボリュームたっぷりのハンバーガー

　近年、どんどん**進化を遂げているハンバーガー**。今やニューヨークの至る所にある「シェイク・シャック」に端を発し、**こだわりのあるビーフを使ったグルメバーガーが増えてきている**からです。もちろん、王道のボリュームたっぷりのバーガーも健在！　その他、**カスタムメイドで作れるオリジナルバーガー**もあります。

　ハンバーガー店には、主に店頭で並んで注文し、商品を受け取ってイートインスペースで食べるタイプと、着席してメニューを見て注文するレストランタイプがあります。店頭オーダーの場合、注文し終わると名前を聞かれることもあります。これは単に、お店側が受け渡しの際の間違いを防ぐためのものなので正式なものでなく、ニックネームなどで構いません。

　ちなみに、**アメリカのハンバーガーは日本と比べて大きく、パテが2枚入っている「ダブルサイズのハンバーガー」も普通**。たまに「ハンバーガー」が2枚パテで、「リトルバーガー」が1枚パテのお店もあるほどです。

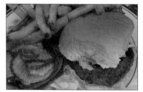

ハンバーガーに添えられているのはポテトが主流。アメリカ名物「マカロニチーズ」もお試しを

## ⭐ 少しおしゃれして行きたいステーキ店

　ステーキ店、**とくに有名店はいつも予約でテーブルが埋まっているイメージがあります**。アメリカ人にとっては「ごちそうを食べに

行く」店という位置づけなのかもしれません。そのため、**予約がマスト＆カジュアルすぎる服装は避けたほうがよいでしょう。**

メニュー選びですが、ステーキは塊で焼いた方が美味しいので、**2人前以上の大きさでメニューに記載があることが多いです。**また、グラムではなく「オンス（1oz＝約28g）」という単位が使われます。焼き方もレア、ミディアムレア、ミディアム、ミディアムウェル、ウェルダンと様々にありますが、**お店のおすすめの焼き方でオーダーするのが美味しく食べるコツ**と言えます。

最後に、ステーキのメニューの一例を挙げましょう。

**Tボーンステーキ** ▶▶ T字型の骨がついている肉のこと。骨を境に、サーロインとフィレ部分を両方楽しめる。そのなかでもフィレ部分が多いとポーターハウスと呼ばれる。

**サーロイン** ▶▶ 腰の上部分の肉。適度な脂が美味。

**テンダーロイン（フィレ）** ▶▶ サーロインよりも下にあり、脂肪が少なくやわらかい赤身の肉。なかでも尾に近い部分は、フィレ・ミニョンと呼ばれる。

**NYストリップステーキ** ▶▶ 腰の下。サーロインより脂は多く、少し固め。

フィレとサーロインの味わいの違いを堪能できるTボーンステーキ

### お役立ち！ひと言フレーズ

**レタス抜きでソース多めのダブルチーズバーガーをください**

Could I get a double cheese burger without lettuce and extra sauce?
クドゥ アイ ゲッノ ア ダブル チーズ バーガー ウィズアウト レタス アンド エクストラ ソース

**（ステーキ店で）おすすめの焼き加減は？**

How do you recommend the steak being cooked?
ハウ ドゥ ユー レコメンド ザ ステイク ビーイング クックトゥ

# 困ったときの強い味方！
# チャイナタウンへGO

## ⭐ 観光名所とも言える賑やかさ

たとえ短期間の滞在でも、毎日ハンバーガーやピザ、ステーキなどを食べていたら、アジアの味が恋しくなる可能性もなきにしもあらず。そんなときはチャイナタウンに行きましょう！ **飲茶、ヌードル、火鍋に小籠包と、バラエティ豊富な中華料理の数々と、定番の安さでチャイナタウンは観光客に人気の街**でもあります。ベトナム料理などを扱うアジア料理店も多いため、「アジア料理が食べたい」気分だったら、チャイナタウンに直行すればOK。観光客はもちろんのこと、ニューヨーカーもアジア料理は大好物！ 味もお墨付きなようで、人気店は列ができていることもあります。

有名な「JOE'S SHANGHAI」の小籠包。スープたっぷりで美味

## ⭐ まずはアクセス至便な Canal Street へ

市内には、**マンハッタン、クイーンズ、ブルックリンとそれぞれの区にチャイナタウンが存在**します。マンハッタンのチャイナタウンはローワーイーストサイドより少し西側でリトルイタリーの隣に位置します。最寄駅は地下鉄N、Q、R、W、J、Z、6番線のCanal Street（キャナルストリート）。地下鉄を出ると、街は中国一色。漢字で書かれた看板をはじめ、アメリカのスーパーにはあま

第6章 幅広いグルメを堪能

り置いていない白菜や大根、しめじなどを扱うスーパーもあります。また、イートインスペースのあるパン屋さんも多いので、観光で小腹がすいたらコーヒーとパンでひと休みしましょう。

ちなみに、このエリアでは、ニューヨーク土産を売る店も多く並び、典型的なお土産なども売られていて、ミッドタウンなどより安く買うことができます(P126-127)。

マンハッタンのチャイナタウンは活気もあり、人も多い

##  地元民率が高いチャイナタウン

クイーンズやブルックリンの中華料理のレストラン価格は、マンハッタンのチャイナタウンと比べると、離れている分、少し安めです。まず、**Flushing Main St（フラッシングメインストリート）駅を中心に発展しているクイーンズのチャイナタウン**。観光客の率はぐっと下がりますが、フードコートなどもあり、地元客でにぎわっています。ちなみに、フラッシングはチャイナタウンとともにコリアンタウンとしても知られています。

そして**ブルックリンのチャイナタウン。地下鉄Nラインの8 Ave駅**にあり、駅の名前通り、8番街沿いがメイン通りになります。クイーンズのチャイナタウン以上にローカル色が強くなり、歩いていると自分がニューヨークにいることを忘れてしまうかのような錯覚に陥るほど。近くにはサンセットパークという公園もあります。

# NYグルメの醍醐味！
# 味も雰囲気も様々な各国料理

## ★ 多国籍料理で人気No.1フード「タコス」

世界中から人が集まるニューヨーク。それだけに世界各国の料理も充実しています。たくさんの移民で構成されるニューヨークだからこそできる、ディープな多国籍フード巡りをぜひ楽しみましょう。

まず、**ニューヨーカーも大好きな多国籍料理No.1と言えば「タコス」**でしょう。メキシコと国境を接するアメリカはヒスパニック系移民が多く、彼らの国民食ともいえるタコスは、今やアメリカ人にとっても欠かせない食べ物になっています。

ミッドタウンやチェルシーマーケットに店舗がある「LOS TACOS No.1」のタコス(P71)

## ★ フードトラック「ベンダー」も要チェック

ニューヨークの街でよく見かけるのが**フードトラック**。「**ベンダー（屋台）**」と呼ばれ、ニューヨークB級グルメの名物ともなっています。ホットドッグやドーナッツ、タコスなどのベンダーはもちろんですが、アラブ系ハラルフード(P108-109)のベンダーはいつも行列になっています。

なお、**クイーンズのジャクソンハイツは各国の料理が味わえるベンダーが揃います**。ここはタイやチベット、インドやメキシコのレストランも多く、夕方になるとタコスを売るベンダーもよく目にし

ます。おすすめは、小籠包のような見た目をしたチベットの餃子「モモ」を売るベンダー。辛いソースとの相性も抜群で、一度食べたらやみつきの味です。

トラック型の移動販売屋台であるベンダー

## ★ 各国のコミュニティが存在するNY

**リトルイタリー、コリアンタウンなどのように街の名前として定着している場所も数多くあります。** ここでは「食」の面で充実している、いくつかの街を紹介しましょう。

**イタリア** ▶▶ マンハッタンのリトルイタリー（写真）は名前の通り、イタリア人街となっている。パスタやピザ以外にも、イタリアの伝統焼き菓子カノーリも美味。ブロンクスにもイタリア人街がある。

**日本** ▶▶ マンハッタンのイーストビレッジは日本人街。ラーメン、焼肉、焼き鳥、うどんなど、日本の人気メニューがここに行けばいつでも食べられる。日本の食材を扱うスーパーもあり。

**韓国** ▶▶ マンハッタンの34St Herald Sq駅周辺に広がるコリアンタウン。韓国風のおかずやごはんなどを量り売りで買えるシステムのカジュアルな店などは一人ごはんに最適。

**ギリシャ** ▶▶ クイーンズのアストリアにはギリシャ人街が広がる。街にはギリシャ正教の教会も。ギリシャレストランもたくさんあり、シーフード中心の地中海料理が味わえる。

# 集結した人気店の味を食べ比べできるフードコート

## 🛡 NYのフードコート事情

　ニューヨークには様々な商業施設があり、それらにはフードコートがあることが多く、**近年はとくにセレブシェフの店などを揃えた、個性あるフードコートが続々オープン**しています。ピザやタコスなどのカジュアルな料理から、アジアンテイストの店やベジタリアン向けの店、シーフード専門店、さらにはカップケーキ店などまで、**ジャンルを問わず、様々な店が一挙に揃っているので、旅行者にはいろいろ選べてとても楽しく、便利なスポット**と言えます。

　さらにうれしいことに、**朝から晩までノンストップ**で営業している場所がほとんど。ランチタイムなどは混みあいますが、それでも好きなものを好きなようにオーダーできる手軽さは魅力です。ということで、観光客にも使い勝手のよい、いくつかのフードコートを紹介しましょう。

● The Plaza Food Hall（ザ・プラザ・フード・ホール）
　5番街にある高級ホテル「プラザ」の地下にあるフードコート。**こちらは高級感ある店のラインナップが自慢**。例えば、ロブスターをこれでもかと挟んだロブスターロールで有名な「Luke's Lobster」やアッパーイーストサイドで人気となった、高級ミルクレープ「LADY M」などがあり。

■第6章 幅広いグルメを堪能

● Grand Central Dining Concourse
　（グランド・セントラル・ダイニング・コンコース）
　**ニューヨークを代表する鉄道駅であるグランドセントラル駅の地下にあり**。昔は駅として使われていた内装をそのまま感じられる雰囲気。カップケーキの有名店「Magnolia Bakery」はいつも人気。また、フードコート近くにある、新鮮なシーフードが自慢のレストラン「Oyster Bar」ではクラムチャウダーのテイクアウトもできるので、それもおすすめ。

● Hudson Eats（ハドソン・イーツ）
　**ワールド・トレード・センター近くの商業施設「ブルックフィールド・プレイス」にあるフードコート**。席はなんと600席あり、大きな窓からはハドソン川が眺められる。おすすめは、カンボジアサンドの「Num Pang」。ぶ厚い肉とにんじんなどの野菜が挟まれたサンドイッチは一度食べたらやみつき。その他、1階にもこだわりの食材やワインバーなどが並ぶ「ル・ディストリクト」があり。

● Gotham West Market（ゴッサム・ウェスト・マーケット）
　タイムズスクエアから西に15分ほど、**多国籍レストランが数多く並ぶヘルズキッチンエリアにあるフードコート**。ブルックリンのアイスクリーム店「Ample Hills Creamery」やがっつりとお肉が挟まれたサンドイッチが超美味な「Genuine」などがおすすめ。少し離れた場所にあるので他に比べ混雑が少ないのも穴場。

## コツ 39 NYC

# 野菜が足りないと感じたら、意識高い系サラダでヘルシーに

### ⭐ とにかくヘルシーブームのNY

ハンバーガーにピザにドーナッツ……、ハイカロリーな料理をイメージするアメリカンフードですが、ここ最近のトレンドと言えば、ヘルシーフードです。健康ブームのあおりをうけ、**オーガニックフードの店やベジタリアン向け、さらには卵や乳製品も使用しないビーガンフード**まで、様々なヘルシー系レストランが登場しています。

ヘルシーブームのおかげか、デリのサラダコーナーはどこも充実している

### ⭐ サラダ&ジュースの専門店も多数

まず、おすすめしたいのがサラダ専門店。ここ数年、ニューヨークでは**具材やドレッシングを選び、カスタマイズで作れるサラダ専門店**のオープンが続いています。それらを専用の包丁でカットするので「チョップドサラダ」とも呼ばれていて、日本のサラダのイメージをはるかに超す量でしっかり一食分になります。

そして、朝の通勤前、ニューヨーカーたちに人気があるのが**フレッシュなフルーツや野菜を使ったスムージーなどのジュースの専門店**です。その場で野菜やフルーツをミックスして作ってくれるのですが、様々な組合せがあり、メニューを選ぶのも楽しいです。なかには、熱を加えずゆっくりと絞ったコールドプレスジュースの専門

店も存在するほどです。値段はそこそこしますが、意識高い系ニューヨーカーになりきることができます。

## ★ 手軽に食べるならチェーン店＆フードコート

「旅行中、野菜が少なくなっているから少しヘルシーにしたい」と思ったときに便利なのは街中にある**チェーン店やフードコート内でサラダなどを売りにした店を利用する**方法です。

例えば、街中でよく見かける**「PRET A MANGER（プレタマンジェ）」**はイギリス発のチェーン店。**サンドイッチやスープなどの他、サラダのラインナップも豊富**。ショーケースにあるものを見ながら選べるので失敗も少なく、時間がないときもサクッと食事を済ますことができます。

また、フードコートにはたいていの場合、**カスタマイズサラダの店や玄米や野菜などベジタリアンフードも揃えたビュッフェ式の店**などが入っています。野菜系メニューだけでなく、ミートボールなどの惣菜も選べるため、バランスのよい食事がとれるのがうれしいですね。こういう店ではだいたい紙の容器に好きなものを何種類か選んで詰めてもらうスタイルになります。いずれも昼時になるとサラダなどを買い求めるビジネスマンたちで行列になるのでゆっくりオーダーしたいなら時間帯をずらすとよいでしょう。

### 🎧 耳よりコラム

#### スーパーのデリもあなどれない！

スーパーのデリコーナーも、あなどれないのがニューヨーク。なかでも、オーガニック・スーパーマーケット「Whole Foods Market」（P122-123）のデリは、種類も多く、味もよく、在NYの日本人にも人気があります。野菜系の惣菜やサラダだけでなく、冬は温かいスープもおすすめです。

# IDチェックにハッピーアワー、NYでお酒を楽しむコツ

## ⭐ お酒を飲むときのIDチェックは当たり前

ニューヨークでは「お酒を飲む」と決めた日はパスポートを必ず携帯しなければなりません。なぜならアメリカでは「お酒」と関わる場所では必ずID確認があるからです。まずアメリカは21歳から法律上お酒を飲むことを許されており、日本とは1歳違うので気をつけねばなりません。また、ハンバーガーショップなどでビールなどを注文した場合、アルコールをテイクアウトすることはできません。ハンバーガーやソフトドリンクはテイクアウトできるため忘れがちですが、**ニューヨークでは公共の場（公園、ビーチなど）でお酒を飲むことは禁止**されています。ホテルの部屋でお酒を飲みたい場合はデリなどで購入（IDチェックあり）することになります。

また、バーやクラブへの入店の際にも必ず写真つきの身分証明書の確認をされます。日本ではとくに確認されないので、私も含め、一度は「IDを忘れて入店できなかった」というのは、在住日本人のニューヨークあるあるです。これはお酒を買うときも同じなので注意が必要です。クラブに入るときも同様にID確認をされます。ちなみにクラブの入店時に入場料（チャージ）を取る店もありま

クラフトビールブームもあり、多種多様のビールが揃う

す。なかには、ある時間帯まではかからないけれど、それを過ぎたらチャージされる場合もあったりと、店によって異なります。

## ★ バーに行くならルーフトップへ！

ニューヨークの夜を楽しむならバーは最適な場所と言えます。なぜなら展望台から眺める以外に**ニューヨークの摩天楼を観賞する方法として、ルーフトップバーから楽しむ**という方法があるからです。おすすめのシーズンは夏ですが、現在は冬でも楽しめるように、ルーフトップバーにかまくらのような寒さをしのぐ場所も用意されているところもあり、年間を通して楽しめます。それでも**冬のルーフトップは、お酒で体を温めるのが間に合わないくらい寒い**ときもあるので覚悟して行きましょう。

ルーフトップバーはホテルやビルの最上階に設置されていることが多く、お店によりますが、ビル1階のエスカレーターを上る前やホテルのルーフトップ入口などでID確認が行われます。ちなみに、ルーフトップバーへ行く場合、スニーカーやビーチサンダルは入店を断られる場合がありますので気をつけましょう。

## ★ お得なハッピーアワーを利用しよう

バーやクラブではハッピーアワーを提供している店もたくさんあり、**夕方の時間帯（おおむね17〜19時くらい）はお酒をリーズナブルな料金で飲むことができます**。店によってはおつまみのようなフードも安く提供しているときもありますので、「HAPPY HOUR」という文字を見逃しては損ですよ！

# ニューヨーク、街を歩けば、至る所にコーヒーショップ

## ★ こだわりの店からチェーン店まで様々

「ニューヨーカーはコーヒー好き」と断言できるほど、街を歩けば至る所にコーヒーショップがあり、カップ片手に颯爽と歩くニューヨーカーもしょっちゅう見かけます。ただ、ひと言でコーヒーショップと言えども、**スターバックスなどのチェーン店から、豆の焙煎などにこだわった「サードウェーブ系」と呼ばれるハイセンスな店、ベンダーで売られているものまで多種多様**。さらには自宅で作ったコーヒーをマイボトルに入れて持ち歩く人も見かけるほどです。ニューヨークのこだわりカフェ巡りを始めたら一日ではまわりきれないほどですが、その前にまずニューヨークのコーヒーにまつわる「知っ得情報」を学んでおきましょう。

サードウェーブ系の先駆けとなった「ブルーボトルコーヒー」

## ★ スタバにもハッピーアワーあり！

まずニューヨーク観光中に「歩きつかれて、足が棒になっている」という状況のときに便利なのが、やはりスターバックスです。日本との違いとして、**こちらのスターバックスでは「HAPPY HOUR」と題したお得なキャンペーンをしていることもあります**。木曜日の15時以降に開催していることが多く、あるときはフラペチーノ2杯分を1杯分の値段で提供したり、あるときはコーヒーが半額で飲

めたりなど、お得な内容もそのときにより異なります。利用するにはスターバックスのアプリをダウンロード（無料）していることが条件。画面に出てくるハッピーアワーのコードを見せるだけ。スターバックスはトイレを探しているときも大変ありがたい存在（P28-29）ですが、それ以外にも使えるんですよ。

## ★ 安さと早さが魅力のベンダー

　ニューヨークが舞台になっている映画やドラマで「路上のトラックからドーナッツやコーヒーを買っているシーン」を見たことある方も多いと思いますが、そのスタイルがベンダー（屋台）を活用する方法です。コーヒーの味は少し薄いと言う人もいますが、ホットコーヒー（スモールサイズ）は＄１という安さ！　アイスコーヒーでも＄２～３で、朝の通勤ラッシュ時には何人か並んでいるときもありますが、回転も早いのが特徴です。**冬のニューヨークはとにかく寒いので、温かいコーヒーはホッカイロ代わりとしても利用できます**。ベンダーの場合、サイズや砂糖、ミルクをどうするかを聞かれることも。両方いれたいときは「Both」、ミルクだけのときは「Only milk, no sugar」などと答えれば大丈夫です。ドーナッツも＄１程度で売っています。

### コーヒー店で知っておきたい用語一覧

| | | | |
|---|---|---|---|
| 水出しアイスコーヒー | Cold Brew<br>コールド ブリュー | 普通の牛乳 | Whole milk<br>ホール　ミルク |
| 低脂肪牛乳 | Low-fat milk<br>ロー ファット ミルク | 乳脂肪分ゼロ | Skim milk<br>スキム　ミルク |
| 豆乳 | Soy milk<br>ソイ ミルク | アーモンドミルク | Almond milk<br>アーモンド　ミルク |
| 砂糖入り | Sweetened<br>スウィートゥンド | 砂糖抜き | Unsweetened<br>アンスウィートゥンド |

# 朝食だけじゃもったいない！
# カフェ＆ダイナー利用法

### ⭐「ダイナー」での朝食は卵料理が多い

　ニューヨークには朝食のパンケーキが有名なカフェやダイナーがたくさんあります。しかし、カフェやダイナーは朝食利用だけではもったいない！　ここでは、それぞれの時間帯でおすすめの、ニューヨークカフェ飯を紹介しましょう。

　まずダイナーとは、**日本でいうファミレスのようなイメージの店のこと**。個人経営の場合が多く、朝早くから深夜近くまで営業しています。そしてダイナーの**朝ごはんの定番と言えば、卵料理。それにパンケーキやサンドイッチなどを合わせる**ことも多いです。卵料理は、スクランブル(Scrambled)、オムレツ(Omelette)、目玉焼き(Fried egg)など選べ、目玉焼きは焼き具合も聞かれます。コーヒーおかわりは自由なところも多いです。

　また、ニューヨークには**フランス風のシャレたカフェも多く、焼きたてのパンとコーヒーのみで朝カフェ利用している人も多い**です。さらに、デリ特有の朝ごはんメニューとして押さえておきたいのが、丸いパンの間に具材を挟んだサンドイッチ「On a roll」というメニュー。ハム＆卵＆チーズを入れたい場合は、「Ham, egg and cheese on a roll」となります。

DINER（ダイナー）はアメリカンレトロな雰囲気が風情あり

## ⭐ ブランチならエッグベネディクトを

ブランチメニューの代表と言えば**「エッグベネディクト」**でしょう。**半分にしたイングリッシュマフィンに、ベーコンやサーモン、ポーチドエッグなどをのせ、オランデーズソースをかけた料理**です。エッグベネディクトがメニューにある店は、週末にニューヨーカーが通うような、ゆっくりと時間を過ごせるところが多く、少し高級な雰囲気があります。また変わり種としては**「パストラミ・サンドイッチ」**もおすすめです。パストラミ・サンドイッチは塩漬けにしたお肉を燻製にして香辛料をまぶしたユダヤ料理。日本ではなかなか見かけないので、一度トライしてみては。

## ⭐ 意外と使える夜カフェ

ダイナーやカフェは「わざわざ夜に」と思うかもしれませんが、じつは意外な穴場。というのも、**夜の時間帯は朝の混雑ぶりに比べて空いている**ことが多いのです。また、**スイーツやドリンクメニューも豊富なので、おやつの時間や夜ごはん後の「ちょっとひと息」にも利用価値あり**なのです(ただし16時ごろにクローズする店もあるので注意)。

### 目玉焼きの用語一覧

| | |
|---|---|
| 片面焼きの半熟 | Sunny side up<br>サニー サイド アップ |
| 両面焼きで黄身が固まっていないもの | Over easy<br>オーバー イージー |
| 両面焼きで半熟 | Over medium<br>オーバー ミディアム |
| 黄身に完全に火が通っているもの | Over well/ Over hard<br>オーバー ウェル オーバー ハード |

## コラム

\ 目指せ、全種類制覇！ /

# ニューヨークのマストスイーツ8選

### パンケーキ

ニューヨークの朝食＆ブランチ代表のひとつ。フワフワのパンケーキにシロップをかけて食べる瞬間はまさに至福のひととき。種類に迷ったら、ブルーベリーやバナナ＆ナッツが間違いなし。

### カップケーキ

海外ドラマ効果で知名度をあげたニューヨークのカップケーキ。見た目にも可愛く、ピーナッツバターやチョコチップなど様々な種類があるが、やはりイチオシはレッドベルベット。

### ホームメイド・クッキー

「アメリカのクッキー＝甘い」というイメージは昔のこと、近年、急速に発展中。狙い目は人気カフェがハンドメイドで出しているクッキー。甘さ控えめで、おやつにぴったり。

### ドーナッツ

店によってテイストが変わり、フワフワ仕上げのものもあれば、手にした瞬間からどっしりと重みを感じるものまで多種多様。ただどこの店も、ドーナッツ1個がかなり大きく、食べごたえたっぷり。

最近は甘さ控えめスイーツもニューヨークに進出してきていますが、まだまだご当地スイーツは"甘くてなんぼ"の世界。独断で、私がおすすめしたい、ニューヨークの定番&個性派スイーツをご紹介します。

**Cheese Cake**

### チーズケーキ

「ニューヨークチーズケーキ」と呼ばれるものはベイクドチーズケーキの一種。クリームチーズが多く、小麦粉はあまり入れないので、クリーミーな味わい。オレオ入りなどの変わり種もあり。

**Chocolate**

### チョコレート

NYのこだわりチョコレートの主流である「Bean to Bar(豆から板へ)」。これは製造過程のすべてを店で作るという意味で、ブームをけん引する「MAST BROTHERS」のチョコはお土産にも◎。

**Chocolate Babka**

### チョコレートバブカ

卵黄や砂糖とバターを練り込んだ生地にチョコレートがたっぷり入った濃厚な菓子パン。もともとはユダヤのお菓子で、東ヨーロッパを発祥とし、その後、ニューヨークに伝わったそう。

**Milk Shake**

### ミルクシェイク

アメリカ人はミルクシェイクが大好き。シンプルなものから派生して、現在では特大サイズのミルクシェイクにチョコ、綿あめ、クッキーなどをデコレーションしたモンスター級のものも人気。

# 難易度高い注文に戸惑うなかれ！
# NY名物ベーグル攻略法

## ★ アメリカにおけるベーグルの歴史

　アメリカ人の朝食メニューとして有名なベーグル。その起源はポーランドやドイツなどと言われていますが、アメリカに持ち込んだのは、ユダヤ人という説が有力です。当初は手作業で作られていましたが、1960年代に機械が投入されてから大量生産が可能となり、人気となったそうです。そんな**ベーグルの特徴はなんと言ってもモチモチ感**。これはベーグルを焼く前に熱湯にくぐらせることで生まれる食感なのだそうです。

　ニューヨークにもベーグルの店がたくさんあります。**様々な具をはさんだサンドイッチを味わうのはもちろん、冷凍保存もできるのでプレーンのベーグルを日本に持ち帰る人も少なくないです。**

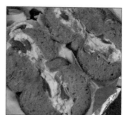

オムレツをサンドしたベーグル

## ★ 初心者には難しいオーダー方法

　人気の**ベーグル店はつねに行列。そこに立ちはだかるのは「注文の仕方」という大きな壁**です。基本的なベーグル店の注文の流れを把握しましょう。

　ベーグル店は午前中（とくに出勤前）や昼時には列ができるほど混んでいます。言葉に自信がなければ、14時以降を狙いましょう。たいてい①ベーグルの注文の列、②会計の列の２つがあります。最

初に並ぶのは①の列。ここでは**ベーグルの種類 (A) と中に挟むもの (B) を選びます**。Aのベーグルの種類は全粒粉やゴマなどがありますが、迷ったらプレーンが◎。Bの具材は、看板などに書かれている場合が多く、「Scallion (小ねぎ入りクリームチーズ)」や「Lox (スモークサーモンのクリームチーズ)」といった具合に、店おすすめの組合せがメニュー化されている場合がほとんどです。注文すると、店の人から**ベーグルを焼くかどうか**聞かれます。すぐに食べるならベーグルは焼いた方が美味。さらに、マスタードやケチャップなどの**調味料を追加してもらいたい場合はここで告げましょう**。その後、注文レシートを受け取り、会計のレジに並び直しますが、飲み物を注文する場合は会計時にオーダー。会計が終わったら注文した商品が手渡されるまで、その近くで待てばOKです。

## 迷ったときはコレを注文すべし！

ベーグルの種類はたくさんあり、どれもおいしいですが、朝ごはん、ブランチ用なら「エブリシング」、おやつ感覚や軽食には「シナモンレーズン」がおすすめ。組合せは無限にあるので、自分だけのお気に入りの味を探してみるのも楽しいかもしれません。

### お役立ち！ひと言フレーズ

**ベーグルをトーストしてください**

Could you toast the bagel?
クッド　ユー　トースト　ザ　ベーグル

**マスタードを少し入れてください**

Can you put a little mustard?
キャン　ユー　プット ア リトル　マスタード

**クリームチーズを別にしてもらえますか？**

Could you put the cream cheese on the side ?
クッド　ユー　プット　ザ　クリーム　チーズ　オン　ザ　サイド

# ＄1ピザにベンダーフード、
# Ｂ級グルメを食べつくそう！

## ⭐ 驚きの＄1で売られているピザ

　ニューヨークのグルメ旅は、ステーキやハンバーガーだけではありません。しかも、物価が高いニューヨークですから、きちんとしたレストランでばかり食事をとっていると、意外と高額な出費になってしまいます。

　しかし、そこは掘れば出てくるニューヨークご当地グルメの数々。**もちろんＢ級グルメと呼ばれる、低価格で美味しく食べられるフードがたくさんあります！** なかでも、**自信をもって薦めたいのが「＄1 PIZZA（ワンダラーピッツァ）」**です。「こんなに物価の高いニューヨークで1ドルのピザなんて」と半信半疑で食べたら美味しかった、コスパ率ナンバーワンのＢ級グルメ。ニューヨーカーはご飯というより、おやつ感覚で食べているようです。シンプルなチーズピザ2枚＆缶ジュースで＄2.75というお得なセットを販売している店舗もありますよ。

日本に比べて、スライスされた1枚の大きさもかなりボリューミー

## ⭐ 行列ができるほど人気のハラルフード

　アラビア語でハラルとは「許されている」という意味で、ハラルフードとは「（イスラム教の教えで）許されている食べ物のこと」で

第6章 幅広いグルメを堪能

す。また、使われているお肉は、イスラムの戒律に従ったやり方で処理されているものに限ります。そんな**中東グルメを代表するハラルフードが、ニューヨークの屋台のベンダーで売られている「チキンオーバーライス」**。中東地域の香辛料で味付けされたピラフにたっぷりと鶏肉がのせられ、ホットホース（辛いのでかけすぎに注意）とホワイトソースをかけて食べます。MoMA近くのヒルトンホテルそばにある店が有名で、昼時はいつも列ができています。その他、ラムオーバーライスもあります。また、コンボと書かれているメニューは、チキンとラムのミックスされたセットになります。

## ★ まだまだある！ ポテトにソフトプレッツェル！

その他、食事を安く済ませようと思うなら、チャイナタウン（P90-91）も便利。**ベトナム料理のフォーや刀削麺など気軽な価格で食べられる**店も多いです。また、**フライドポテトの専門店**もおすすめ。たかがポテトとあなどるなかれ！ メニューは本場ベルギーの"フリット"のみ。ソースはBBQなどの定番からウィスキー風味やテリヤキ風味など様々な種類から選べます。

最後に**パンタイプのソフトプレッツェル**もニューヨークのB級グルメのひとつ。ベンダーで売られているのをよく見かけますが、ベンダーのものは乾燥して固すぎることが多々あるため、スーパーで売っている包装されたソフトプレッツェルがおすすめ。モチモチしていて美味しいですよ。

フライドポテト専門店では揚げたてアツアツの状態を食べることができる

コラム

### テーマ&エリア別!
# NYの歩き方
## ＠クイーンズ (Queens)
### 〜インスタ映えする写真を撮る旅〜

様々な人が多く暮らす住宅地のイメージが強いクイーンズ。
じつは、絵になるフォトジェニックなスポットが点在しています。イメージする
NYとは違った一枚を求め、とっておきの思い出を撮りに出かけましょう!

---

**13:00**

地下鉄7番線「Mets-Willets Point」駅下車、徒歩3分

▶▶ **ユニスフィア (Unisphere)**

1964年に行われた万国博覧会のときに作られ、今は公園のシンボルとなっている地球儀の「ユニスフィア」。目の前にあるクイーンズ美術館にはニューヨーク市を再現したミニチュア模型の展示もあるのでぜひ立ち寄って。

**15:00**

駅に戻り、地下鉄7番線で「Queensboro Plaza」駅下車後、バスQ66に乗り「21St/35AV」下車、徒歩10分弱

▶▶ **ノグチミュージアム (The Noguchi Museum)**

日本人の父とアメリカ人の母を持つイサム・ノグチ作品が展示されている美術館。もともとここに彼のアトリエがあった。ニューヨークにいながらも、作品から感じられるのは和の要素。展示品の撮影OKなので、大きな石の彫刻などをパチリ。

**18:00**

バスQ103に乗り、「Vernon Blvd/46Rd」下車、徒歩6分

▶▶ **ペプシコーラのサイン (ガントリープラザ・ステートパーク内)**

ガントリープラザ・ステートパークにあるこのサインはニューヨーク市のランドマークに認定されていて、クイーンズでいちばんおすすめの写真スポット。ネオンサインの光る夜にぜひ。また、ここから眺めるマンハッタンの夜景も穴場。

※時間は目安です。GPS付の地図を片手にまわるのが◎

# 第7章

# NY流ショッピングの
# コツ

# 買い物天国ニューヨークで お得に賢く買い物する方法

## ★ 買い物スポットは大きくわけて3つ！

　ニューヨークには5番街に代表される高級ブランド店はもちろん、個性的な路面店、さらには年中セールをしている店まで**様々な店が集まっているのでまさに買い物天国**。日本だったらスタイリストや関係者だけが行けるようなサンプルセールもあちこちで開催されている上に、ニューヨークでは誰でも行けてしまうのです。そんな"開かれた"自由さも魅力と言えるでしょう。

　さて、ニューヨークでは大まかにわけて、**①デパート、②ショッピングセンター、③路面店と3つの買い物スポットが存在**します。まず5番街などの高級エリアに多く見られるのが老舗といわれる高級デパート。それらのショーウィンドーは常に豪華に彩られています。ショッピングセンターは先述のデパートよりも敷居が低く、カジュアルな雰囲気です。年中セール(時期外れの商品ではなく、そのとき着れるものを売っています)をしているところもあるので、お得にショッピングしたい方には狙い目かもしれません。路面店はティファニーやマーク・ジェイコブスなど、人気のニューヨークブランドがしのぎを削っています。

　ショッピングセンターが多いのはダウンタウンやユニオンスクエアなどのエリア、逆に洗練された路面店が軒を連ねるエリアはソーホーなどになり、街の雰囲気もガラリと変わるのもまた面白い特徴と言えます。

第7章　NY流ショッピングのコツ

## 🛍 買い物袋を持ったままでの観光は×

　買い物をしながら、観光もグルメも……と欲張りすぎると、結局、旅行を楽しめなくなります。**ニューヨークで「ショッピングを存分に楽しみたい！」と思うなら、思い切って一日を買い物に充てるのが◎**。というのも、両手に荷物を抱えていると、一目で「観光でニューヨークに来ている」ということが丸わかりになり、詐欺や犯罪の被害にもあいやすくなってしまうからです。両手が大量の荷物になることも考えて、ショッピングの後は観光などの予定を詰め込まないほうがベター。荷物が多くなったら、無理をせず、一度ホテルに荷物を置きに戻り、それから観光に出かけるようにしましょう。

　また、日本も同様ですが、どこも休日は込み合い、レジや試着室には長い列ができることもあります。それだけで時間のロスになってしまうので「ショッピング日」は平日に設定しておくのが賢いと言えるでしょう。最後に、デパート、ショッピングセンター、路面店、どこに行くにも気をつけたいのが、入口でのドアのマナー。**ドアは「後ろの人のために自分がドアから手を離さずに待っている」のが基本**です。性別は関係ありません。そして、前の人に開けてもらっていたら「Thank you」の一言もお忘れなく。

> ❗ **ここに注意！**
>
> ### 返品が当たり前のニューヨーク
>
> ニューヨークは返品王国。レジに並ぶ人の3分の1は返品目的なのではというほど、みんな平気で返品します。そこで購入の際に気をつけたいのが、メイクなどの汚れが洋服についていないかの確認です。購入時は気づかなくて、家に帰ってから気づいたという場合、タグがついていれば、レシートとともにほとんどの商品が返品可能です。もちろん、返品に時間をさくのは時間の無駄なので、購入前にチェックするのが前提となります。

# 庶民派から超高級店まで！
# 個性際立つデパートあれこれ

## ⭐ NYのデパート各店の特徴をつかむ

ニューヨークには世界的に名前の知られたデパートがいくつかあります。気軽に使える庶民派デパートから、中に入るのにも緊張するような超高級デパート、スタイリッシュな品揃えがうれしいニューヨーク生まれのデパートまで、個性際立つデパートを紹介します。

● **メイシーズ (Macy's)**

ニューヨークでデパートといえば旗艦店を34丁目に構える「メイシーズ」。**他のデパートに比べると少しカジュアルなので、庶民的な感じで親しまれています。**季節によって変わるウィンドーデコレーションも見ていて飽きません。とくにホリデーシーズンは中の装飾も素敵で一見の価値ありです。ファッション性の高いアイテムは少なめですが、日常品などはなんでも揃えられる優秀デパート。パスポート持参でビジターセンターに行けば、旅行者向けに10％割引のクーポンがもらえます。

● **ブルーミングデールズ (Bloomingdale's)**

ニューヨークの老舗デパートのひとつ。いくつか店舗があり、59丁目の本店が一番混んでいますが、カジュアルなものからハイエンドなものまで品揃えは豊富。パスポート持参でビジターセンタ

第7章 NY流ショッピングのコツ

ーに行けば、こちらでも10%オフのクーポンがもらえます。

● **サックス・フィフス・アベニュー（Saks Fifth Avenue）**

ロックフェラーセンターの目の前にある高級デパート。ハイブランド揃いですが、なかでもレディース用品はいい感じの充実ぶり。また、クリスマスシーズンにデコレーションされるホリデーウィンドーは圧巻のひとこと。ロックフェラーセンターのクリスマスツリーに負けないくらい美しいです。

● **バーグドルフ・グッドマン（Bergdorf Goodman）**

ニューヨークのデザイナーブランドからヨーロッパのインポートまで、ブランドごとの品揃えが多いのが特徴。お店はそこまで広くないが、店内に漂う空気からして格調高く、セレブ感たっぷり。

● **バーニーズ・ニューヨーク（Barneys New York）**

こちらで行くなら本店のマディソン・アベニュー店へ。セールのコーナーが常時設置されていることが多く、お買い得です！ バーニーズのオリジナルの商品も値段抑えめで手が出しやすいですよ。

## ★ ギフトラッピングは有料が基本

日本と違う部分も多い、アメリカのデパート事情。例えば、ギフトラッピング。**ニューヨークは日本のデパートと違って、無料でギフトラッピングをしてくれません。**デパート内に有料の専用カウンターがある場合は、購入後にそのカウンターに行き、ラッピングをしてもらう形になります。また、日本のデパートでは「デパ地下グルメ」が定番ですが、日本のようなお惣菜や食料品が買えるデパ地下はありません。

# オフ・プライス店はもちろん 祝日に合わせたセールも必見！

## ★ 年中セールのオフ・プライス・ショップ

　ニューヨークのセールは、一般的に休日を中心にセールが行われているのですが、日本よりわかりにくく「夏のバーゲンまで待とう」などという感覚はありません。しかも**市内には年中ディスカウントをしている「オフ・プライス・ショップ」がいくつもある上に、デパートでも常にセールをしているコーナーがあったりもします。**

　そこでニューヨーカーが賢く利用するオフ・プライスの店をいくつか紹介します。ニューヨーカーは**「靴ならここ」「日用品ならここ」と特徴に合わせて使い分けているような印象**。どこも膨大な量のストックの中から掘り出し物を探すようなイメージですが、なかにはブランドのバッグが4割引きになっていたりもしますから、自分に合うものがあればラッキーと言えますね。

● **センチュリー21 (Century 21)**

　フロアもたくさんあり、デパートのような作り。男女の服はもちろん、ブランドバッグや靴、子供服や下着などまで幅広い品揃え。地下鉄に乗っていても、ここの袋を持っている人をよく見かけます。

● **ノードストローム・ラック (Nordstrom Rack)**

　靴の品揃えに定評のある高級デパート「ノードストローム」のオフ・プライス店。洋服もあるが、やはり見るべきは靴。無造作に並んだ靴の中にブランドのものが7割引きで売られているなどさすがのラインナップ。

第7章　NY流ショッピングのコツ

● **ブルーミングデールズ・ジ・アウトレット・ストア**
　（Bloomingdale's the Outlet Store）
　高級デパート「ブルーミングデールズ」のオフ・プライス店。マグカップなどのオリジナルグッズも販売＆ゼイバーズやトレーダージョーズなどのスーパーも近くにあるので、お土産探しにも便利。

● **ティー・ジェイ・マックス（T.J.Maxx）**
　高級ブランド品というよりは、よりカジュアルな衣類や日用品が揃うオフ・プライス店。激安のTシャツなどはお土産にも◎。

## ✪ NY近郊にはアウトレットモールも

　ニューヨークのアウトレットと言えば、**バスで1時間半くらいのところにある「ウッドベリーコモン（Woodbury Common）」**。200以上のブランドが集結しており、アメリカでも最大級の大きさを誇ります。割引率が高いのは、もちろんメイド・イン・アメリカのブランド。例えば、TORY BURCH、COACH、Kate Spadeなどはバッグや財布などがありえない割引率で売られているので、いつも混雑しています。

## ✪ 激熱のセール！　11月のブラックフライデー

　セールに慣れたニューヨーカーでも、**一年で一度、もっとも熱くなるのがブラックフライデー**です。アメリカで年に一度の大セールの日となります。**サンクスギビング（感謝祭）の翌日、つまり11月の第4金曜日にあたる**のですが、とにかくどこの店も安くなるので、開店前に行列ができる店も多いほど。この時期にちょうど滞在が重なる人はぜひアメリカの一大イベントを体験してみてください。ただ、この日はすごい混雑になりますから、スリなどに気をつけること、そして走って転んだりしないようにご注意を。

# NYでお得に買うなら、このアメリカンブランドを狙え

### ⭐ 日本より割安になるアメリカンブランド

世界中のブランドが集まるニューヨーク。最先端のトレンド品をはじめ、どんなものでも揃うのが買い物の魅力ですが、せっかくニューヨークに来ているのですからお土産に、もしくは自分用に買うなら**アメリカ製のものやアメリカ発のブランドがおすすめ**です。

というのも、**日本でも買えるものの、やはり本場で買うほうが価格的に安く購入できる**からです。アメリカンブランドの最高峰と言える「Tiffany&Co.」を筆頭に、憧れの「Coach」「Kate Spade」「Marc Jacobs」「Calvin Klein」「Hollister Co.」などは日本よりもお手頃に購入できます。最新のシーズンのものにこだわらなければ、オフ・プライス・ショップ（P116-117）でさらに安く売られているブランドも多いですよ。

### ⭐ ハイセンスなアイテムも要チェック！

近年、NY在住の日本人に人気があり、注目すべきはハイセンスなアメリカ・ブランドのコスメアイテムです。単にメイド・イン・アメリカではなく、それに付加価値がついてワンランクアップの仕上がりになっているものが多い傾向。お土産にしやすい、軽くて小さなものを中心にいくつか紹介しましょう。

● Tom'sの歯磨き粉

保存料、人工色素、そしてフッ素が使われていないオーガニック

の歯磨き粉。アメリカでオーガニック歯磨き粉というと「泡立ちがよくない」のが難点。でもこのトムズの歯磨き粉はちゃんと泡立ち、磨き終わりもスッキリでとても優秀です。薬局やスーパーで購入可能。

● Glossierのアイブロウ・マスカラ

グロッシアーはファッション誌「VOGUE」で働いていた起業家エミリー・ワイスが立ち上げたコスメブランド。成分は天然素材を使用、肌への優しさも追求しています。SNSユーザーのリアルな反応をフィードバックしている商品は使い心地抜群で、人気のボーイブロウ（アイブロウ）は一時予約1万人待ちになったことも。

● C.O.BIGELOWのリップバーム

アメリカで最古の調剤薬局であるシー・オー・ビゲロウ。どれもパッケージがかわいく、唇だけではなく、ひじやひざなど乾燥の気になるところに使える万能バームがおすすめです。

### 耳よりコラム

#### パッケージに書かれた「◎◎Free」とは？

英語で「◎◎Free」と書かれている場合、「◎◎が入っていない、◎◎がない」という意味です。例えば「Sugar Free」なら砂糖不使用という意味になります。コスメや食べ物のパッケージなどで目にすることも多いので知っておくと便利です。ちなみに、街で見かける「Smoke Free」は禁煙という意味。「自由に喫煙できる」という意味ではないので気をつけましょう。

# ニューヨーカーの必需品！
# 軽くて丈夫なトートバッグ

## ★ ニューヨーカーのマストアイテム

よく歩くニューヨーカーと切っても切り離せない関係なのが「トートバッグ」です。とくにニューヨークではいろいろな店でオリジナルのトートバッグを出していて、軽くて持ち運び便利なため、街を歩いていても使っている人をよく見かけます。本来はお店の宣伝用に作られているものですが、お値段も手ごろなうえ、多少雑に扱っても気にすることもない優れものなのです。

## ★ スーパー VS 本屋、どちらがお好み⁉

ニューヨーカー利用率が高いトートバッグと言えば、まずは**スーパーマーケットのオリジナルのトートバッグ (エコバッグ)**。値段もかなりお手ごろなので、お土産にする人も多いです。いろいろなスーパーで売られていますが、おすすめは**「Trader Joe's」と「Zabar's」**(P122-123)。どちらの店も布生地のものとビニール製のものがあります。機能性 (丈夫さ) を重要視するなら、布生地のものがよいでしょう。

トレーダージョーズのトートバッグはコスパ良し

次におすすめしたいのが、**本屋さんが作るトートバッグ。**なかでもユニオンスクエアにある**「ストランド・ブックストア (Strand Book Store)」**が有名です。オリジナルのものから、ファッション

ブランドとコラボレーションしたトートバッグなど数十種類が店内に並べられています。値段はスーパーのものより少しお高めですが、スーパーのトートと比べると質もよいように思えます。こちらではトートバッグの大きさも様々に揃い、他にもポーチやマグネットなども販売されているのでお土産探しにはぴったりですよ！

## ★ 持っていたらNYツウなトート

「他の人とかぶりたくない」人におすすめなのが**ブルックリンのショップのトート**です。人気レストラン「DINER」のくじらトートや、書店「Books Are Magic」のピンクのトートバッグはいかが？ もっとディープなものを狙うなら、ブロンクスの北のヨンカーズ市にある、酪農業からはじまったスーパーマーケット「Stew Leonard's」も個性的。

アメリカっぽいテイストがかわいい「Stew Leonard's」のトート

### 耳よりコラム

#### ブーム！ 「New Yoker」トートの正体は？

最近、街中でよく目にするのが「New Yoker」のトートバッグを持っている人。デザインもインパクトがあるので、目立ちやすいせいもあるのですが、じつはこれ、雑誌「New Yorker」を定期購読した人に配られるノベルティなのです。ただ、ノベルティだけに雑誌を購読した人しかもらえないのが残念でなりません。

# お土産探しから簡単ごはんまで！
# 行く価値大なスーパー活用術

## ★ なんでもアメリカンサイズ！に注意

地元の人の生活を知るうえでスーパーマーケットは欠かせないスポットと言えます。肉や魚などの物価を知るのはもちろん、思わぬものが大きく棚のスペースを取っていたりと見ていて飽きません。

まずは**アメリカのスーパーマーケットにおける、日本とのシステムの違いを知っておきましょう。一番大きいのは単位の違い**です。グラムやリットルではなく、パウンド（463g）やガロン（3.78ℓ）での表記が主流となります。また、野菜や果物は量り売りが基本。1個から購入でき、自分の好きなだけビニール袋に取るだけ。旅行者にはうれしいシステムですね。

リンゴもバナナでも1個単位で買うことができる

## ★ 支払いの流れを知っておこう

レジカウンターでの列の並び方も店によって様々。**希望のレジに並ぶところもあれば、客が一列に並んで待ち、画面に表示されたレジに行くというスタイルもあります。**レジの精算がベルトコンベアーのようになっている店の場合は、自分で商品をそこに並べますが、その付近に仕切りの棒があるので並べる前にその棒で前の人との仕切りをします。レジ袋は基本的に有料ではありませんが、日本のレジ袋と比べて薄いので、重いものを購入したときは余分に袋をもら

第7章　NY流ショッピングのコツ

いましょう。なお、**エコバッグを持ってきていると、袋代を値引きしてくれるスーパーもあります**よ。

## ★ 日常生活に欠かせない三大スーパー

では、ニューヨーカーの生活に根付いた、3つのスーパーマーケットを紹介しましょう。マンハッタン内にいくつか店舗があるところが多く、どこもオリジナルグッズの販売もあるので、お土産探しに困ったら行ってみましょう！

### ● トレーダー・ジョーズ (Trader Joe's)

カリフォルニア発のスーパー。オリジナルの商品も豊富で、お菓子などはバラマキ土産にぴったり。マンハッタン内の店舗はどこも混んでいて、夕方ともなるとレジに長蛇の列ができていることも。ユニオンスクエア店は混雑しやすいので、アッパーウェストサイド店やチェルシー店のほうがおすすめ。

### ● ホール・フーズ・マーケット (Whole Foods Market)

こだわりの商品が多く揃う、オーガニックのスーパー。食品だけでなく、コスメ＆スキンケアグッズの種類も豊富。惣菜コーナーも使い勝手がよく、イートインスペースがある店舗もあるので、休憩にも使えます。

### ● ゼイバース (Zabar's)

魚の燻製屋さんからスタートした高級グルメスーパー。惣菜などの対面販売がウリです。充実したチーズコーナーやコーヒー豆もおすすめ。そしてエコバッグやロゴの入ったマグカップなど、オリジナルグッズも要チェック。

> コラム

## ＼スーパーマーケットで買える！／
# ばらまきアメリカ土産 8 選

**Buffalo Sauce**

### バッファローソース

辛いもの好きに一度は試してほしいこのソースは、ニューヨーク州のバッファローが発祥の地だそう。ホットソースに酸味を効かせた感じでチキンウィングとの相性は抜群。やみつきの味。

**Nuts**

### ナッツ

スーパーで種類豊富に揃うのがアメリカ人のテレビ観賞のお供であるナッツ類。塩味あり・なしという違いから、レーズンやドライフルーツ、チョコなども入ったミックスナッツまで様々。

**Taco Seasoning**

### タコスのシーズニング

タコスミートを簡単に作れるシーズニング。ひき肉を炒めて、水とシーズニングをいれて炒めるだけでOK。ちなみにタコスの皮（シェル）もスーパーでパックになって売られています。

**Shampoo&Conditioner**

### シャンプー＆コンディショナー

ホールフーズなどでは、オーガニックのシャンプーやコンディショナーも日本で買うよりかなり安く購入できます。個人的なおすすめはジェイソン（写真）のもの。香りもよく、おすすめ。

スーパーマーケットはお土産の宝庫！ 食べ物を中心に、気軽に買えて喜ばれる、アメリカっぽいお土産を集めてみました。ばらまき土産に悩んだらスーパーマーケットへGO！

### コーヒー

コーヒー流行りのNYですから、コーヒー豆も多種多様。「Zabar's」のオリジナルブレンドなど手ごろなものから、日本では高級なブルックリンのロースターのものまで、様々なラインナップ。

### クッキー＆チョコレート

チョコレートやクッキーもお土産にぴったり！ パッケージもかわいいので、いろんな種類を少しずつ買うのもいいかも。お菓子を買うなら「Trader Joe's」が種類豊富でおすすめです。

### 香辛料

「Trader Joe's」の香辛料もお土産のヒットセラー商品。ほとんどが約＄2と安く、人気があるのはヒマラヤソルトですが、個人的によく買うのは、しっかり辛みが効いたブラックペッパー。

### サルサ＆ナチョ

トルティーヤチップスやフライドポテトなどにつけて食べるサルサソース＆チーズ。チップスと一緒に購入すると◎。濃厚なチーズの味わいは食べだしたら止まりません。

# Tシャツなどの NY 土産は ミッドタウンで買うなかれ！

## ★「かさばらず、重すぎない」がお土産の鉄則

　旅行に来るとついてまわるのがお土産問題。しかし、ニューヨークは心配ご無用です。というのも、**世界有数の観光都市なこともあり、チープなお土産からハイセンスなものまで様々に揃うのです。**お土産選びのポイントとしては、「日常生活で使えるもの」がベスト。また「手頃な値段」と飛行機で持ち帰ることから「重すぎない&かさばらない」のも重要です。その上で、ニューヨークらしさが感じられるものだとなおよいですね。それを考慮して考えると、トートバッグやエコバッグ (P120-121)、リップバームなどのコスメアイテム (P118-119)、クッキーやチョコなどのお菓子類や食品 (P124-125) が◎と言えるでしょう。

## ★ ミッドタウンの土産店は高い！

　ブロードウェイ・ミュージカルのメッカであり、観光客でにぎわうミッドタウンにはずらりと土産店が軒を連ねています。ニューヨーク市の愛称でもある「ビッグ・アップル」をモチーフにしたりんごのマークのTシャツやスノードーム、M&Mのチョコレート店などアメリカっぽいイメージのお土産がたくさんありますが、**このエリアで購入するのは損です！**　というのも、同じようなTシャツでも、**チャイナタウン (P90-91) に行けば1／3程度の価格で売られています。**正規品でない可能性もあるので注意は必要ですが、旅行の日程が過密スケジュールで、どうしてもミッドタウンでしか買え

■ 第7章 NY流ショッピングのコツ

ないなど背に腹は代えられない状況でなければ、少し足を延ばすだけでお得に買うことができるのです。

ちなみに、チャイナタウンの**路上で売られているサングラス**も意外とあなどれません。もちろんブランドものではありませんが、だいたい1つ＄5と安いのがうれしいところ。とくに、夏のニューヨークは日差しが強いので、サングラスはマストアイテムと言えます。型も豊富に揃っているので、滞在中だけの使い切りと思ってサングラスを買ってみるのも、ひとつのアイデアですよ。

りんごの形をしたスノードームもミッドタウンでは＄12がチャイナタウンでは＄5

## ★ センスよい土産ならミュージアムショップへ

「ザ・お土産」というようなベタな土産ではなく、**スタイリッシュな雰囲気のものを選びたい場合に便利なのが、ミュージアムショップ**です。メトロポリタン美術館やニューヨーク市立図書館などの場所に行った際には、ぜひギフトショップをのぞいてみましょう。とくにMoMAのショップは非常に洗練されたものが揃っています。オリジナルグッズを用意している美術館も多いので要チェックと言えます。

### 耳よりコラム

#### 紅茶派のお土産選びならココ！

コーヒー文化が根付いているニューヨークですが、紅茶好きの友人にお土産を買うならソーホーにある「ハニー＆サンズ（HARNEY&SONS）」に行きましょう。壁一面に様々なフレーバーの紅茶が並ぶ店内では試飲もできて楽しめます。パッケージもかわいく、量り売りでも購入可能です。

**コツ 52 NYC**

# 骨董品から食べ物まで！
# 多種多様なマーケットへ行こう！

## ★ 新鮮な食材が並ぶファーマーズ・マーケット

　マーケット（市場）の魅力は、**野外の開放的な雰囲気の中、ちょっとお祭りのような感覚で楽しめる**という点にあります。イベント好きなニューヨーカーですから、一年を通して様々なマーケットが各地で開催されています。在住の人の生活ぶりを垣間見れるマーケット、ニューヨークをディープに知るにはもってこいです。

　まず、ニューヨーカーの台所になっているのが、**「ファーマーズ・マーケット（Farmer's Market）」**です。ニューヨークやニューヨーク近郊の農家が直接消費者に販売している食材市場のことで、在住の人だけでなく、有名なレストランのシェフも食材を買い求めにくるほど、その鮮度と味はお墨付きです。あちこちで開催されていますが、**有名なのはユニオンスクエアにあるファーマーズ・マーケット**。現在、月、水、金、土曜日の8〜16時ごろまで行われていますが、開催日時はHPで確認を。午前中に行くのがおすすめです。並んでいるのは、野菜、果物にとどまらず、パン、卵、はちみつ、フレッシュジュース、ワインなど多岐に渡ります。

## ★ グルメが堪能できるマーケット

　続いて、季節ごとに開催されるマーケットです。夏から秋にかけての土曜の夜に期間限定で楽しめる**クイーンズのナイトマーケット（Queens Night Market）は、日本の夏の縁日のような感じで**、世界各国の屋台料理を楽しめます。土地柄か、料理はアジアや南米の

第7章 NY流ショッピングのコツ

料理が中心で、全体的に1品ごとの値段がリーズナブルなところもうれしいポイントなのですが、人気の屋台は長蛇の列なので覚悟して行きましょう。

さらに、春から秋にかけてブルックリンのウィリアムズバーグ（土曜日）とプロスペクトパーク（日曜日）に行われているのが、**移動型野外フードマーケットの「スモーガスバーグ(Smorgasburg)」**。出店には審査があるゆえ、クオリティの高い料理が自慢です。どちらもお腹を減らしていきましょう！

### ★ 探し出すのが楽しいフリーマーケット

週末にはフリーマーケットに出かけましょう。おすすめは**ブルックリンで行われている「ブルックリン・フリー (Brooklyn Flea)」**。その土地の文化を知るならスーパーマーケットに行くのもありですが、フリーマーケットもその国や地域の歴史や文化を知ることができる素敵な場所です。ビンテージやアンティークのアクセサリー、洋服、食器など、なんでも販売しています。夏に屋外で行われていますが、冬はインドアでも開催。HPで確認をして行きましょう。

> **耳よりコラム**
>
> **クリスマスならではのマーケットはココへ！**
>
> シーズンによって様々なイベントが開催されるミッドタウンのブライアントパーク。12月になると「ウィンタービレッジ」と呼ばれるマーケットが作られます。無料のアイススケート場(P83)はもちろん、オーナメントやカードなどクリスマスグッズや食べ物を売る多くの店が立ち並びます。行くだけでクリスマスムードにたっぷりひたれますよ。

コラム

テーマ&エリア別！

# NYの歩き方
# @ブロンクス (The Bronx)
## ～ヒップホップの聖地を巡る旅～

昔は治安が悪いイメージだったブロンクスですが、今はだいぶ改善されました。
じつはこのブロンクスからヒップホップ音楽が生まれたことは
あまり知られていません。アメリカらしいグラフィティも必見です！

**10:00**

地下鉄1番線「191st」駅からスタート

### ▶▶ 191ストリート駅のトンネル

カラフルなグラフィティがなんとも写真映えするトンネル。駅から通りまでつながっています。写真におさめるのもよし、踊るのもよし、好きに楽しみましょう。ただし昼でも人通りは多くないため、治安には注意。

**10:30**

1番線で181st駅まで行き、バスBx36に乗り6分。「University Av／W174 St」で下車して徒歩8分

### ▶▶ セジヴィックアパート (1520 SEDGWICK AVE.)

ヒップホップの生みの親と言われているクライブ・キャンベル(DJクール・ハーク)は妹の制服代を稼ごうとパーティを企画。その会場こそがこのアパートの地下室。1973年の8月11日にこの地でヒップホップが誕生したと言われています（ただし、このアパートは実際に人が暮らしているので見学はマナーを守ること）。このアパートのある「セジヴィック・アベニュー」も2017年6月に「ヒップ・ホップ・ブルバート (Hip Hop Blvd)」と命名されました。

**12:30**

バスBx35に乗り「E167St/Grand Concourse」で下車。グランドコンコースと166stの交差点まで歩くこと10分

### ▶▶ DJクール・ハークの壁画

鮮やかな色合いで描かれた文字は、彼の故郷であるジャマイカのフラッグカラーになっています。

※時間は目安です。GPS付の地図を片手にまわるのが◎

# [第8章]
# ちょっと足を延ばして NYからのショートトリップ

## 大自然が作り出した雄大な景色を堪能
# ナイアガラの滝 〔 Niagara Falls 〕

　世界三大瀑布のひとつである「ナイアガラの滝」はアメリカとカナダの境にあるため、ニューヨークに来たついでに足を延ばす旅行者も多いです。ただ、近いとはいえ、そこはアメリカ。日帰りでもなんとか行けますが、もしカナダ側まで渡ってしっかり観光する予定なら1泊2日のほうがベター。その場合はパスポートが必須なのでお忘れなく。マンハッタンから旅行会社のツアーも様々にあります。**ベストシーズンは4月から10月頃。この時期はナイアガラの滝を遊覧する船「霧の乙女号(Maid of the Mist)」に乗ることができます。**船上から見るナイアガラの滝はド迫力。また絶景ポイントである展望台のテラピンポイントからはカナダ滝もよく見えます。

　ちなみに、このエリアはバッファローソース発祥の地でもあるので、**名物である「バッファローウィング (Buffalo Wing)」を食べるのもお忘れなく。**カナダ側に渡る場合は、ケベックの伝統料理で、フライドポテトにチーズとグレイビーソースがかかった「プーティン」にトライしてみましょう。

自然の作り出したダイナミックな迫力に圧倒されるナイアガラの滝

---

### マンハッタンからの行き方
- 飛行機で行く場合、JFK空港から最寄りのバッファロー空港まで約1時間30分。そこからはバスで1時間ほど。
- 車で行く場合、レンタカーなら約6〜7時間。

■ 第8章 ちょっと足を延ばしてNYからのショートトリップ

## 東海岸で最大のカジノがある街
# アトランティックシティ 〔Atlantic City〕

　アトランティックシティは、**アメリカ東海岸で最大規模のカジノがある観光都市**。日帰りでも行けますが、カジノやバーなどが賑わうナイトライフを堪能したいところなので1泊2日で楽しむのがおすすめです。

　**メイン観光スポットのひとつである海岸沿いのボードウォーク**には、ホテルやカジノ、レストラン、お土産屋さん、ミニゴルフなどのゲームスポットが並んでいて、気候のいい春や夏はとっても気持ちがいいです（冬だと海風でかなり寒い）。宿泊するなら、こ

ボードゲーム「モノポリー」にも登場するボードウォーク

のボードウォーク沿いにあるカジノの併設されたホテルが◎。海沿いの街だけに、ロブスターなど新鮮そのもののシーフードにも舌鼓を打ちましょう。

　ナイトライフを満喫するなら（飲酒も含め）、**マンハッタンからのバスを利用し、現地での移動はタクシーなどを利用する方がベター**。レンタカーだと飲酒後は運転できないうえ、観光地であるためどこも駐車代が高く、思わぬ出費となってしまう場合があります。

---

### マンハッタンからの行き方
- 車で行く場合、レンタカーなら約2時間30分。「ポート・オーソリティ」駅からバスもあり、所要時間は約2時間30分。現地まではバスで行ってそこからレンタカーなどがおすすめ。

133

## エレガントな雰囲気が漂う学術都市
# ボストン〔Boston〕

---

マサチューセッツ州のボストンは治安も良く、**落ち着いたエレガントな雰囲気が流れるアメリカの古都**です。メジャーリーグチームのレッド・ソックスの本拠地でもあり、アメリカでもっとも古い(つまり最初の大学である)**ハーバード大学はボストンの隣に位置し**、その他の大学も多いことから学術都市である一面もあります。市内には地下鉄が通っており、ハーバード大学へも地下鉄でアクセス可能。ハーバード大学のオリジナルグッズを販売する店がいくつもあり、お土産に人気。またアート好きにはボストン美術館やハーバード大学自然史博物館もおすすめです。

趣ある風情の街並み

そして、**いちばん人気の観光といえば「フリーダム・トレイル」**。これは全長4kmのボストンの中心部の道路に描かれている赤い線で、線沿いにたどっていくと主要な観光スポットがまわれてしまうというもの。最後にグルメですが、シーフードで有名な港町・ボストンですから、クラムチャウダーやロブスターを食べずして帰れません！ 海を臨むロケーションのレストランがおすすめですよ！

---

### マンハッタンからの行き方

- バスで行く場合、「ポート・オーソリティ・ターミナル」から約5時間弱。
- 電車で行く場合、「ペン・ステーション」からアムトラックに乗り、約3時間30分。アムトラックは全席自由席となる。

※バスと電車はチケット代にかなり差があり、バスの方が割安。
※飛行機もあるが、所要時間&飛行機代などを考えるとおすすめしない

第8章　ちょっと足を延ばしてNYからのショートトリップ

# 世界遺産に加え、のどかな村にもぜひ！
# フィラデルフィア&ランカスター
{ Philadelphia Lancaster }

　ペンシルバニア州はニューヨークから車で約2〜3時間ほど、州は越えますが意外に近いので、ニューヨーカーのショートトリップとして人気の場所です。

　なかでも、おすすめはフィラデルフィアとランカスター。まず、**世界文化遺産にも認定されている独立記念館があるフィラデルフィア**は、映画「ロッキー」のロケ地としてもおなじみ。お腹がすいたら「リーディング・ターミナル・マーケット」へ。ここの名物である「フィリーチーズステーキ」を堪能しましょう。薄切り肉ととろけたチーズが入ったサンドイッチはとても美味しいです。

　ランカスターはのどかな空気が流れるエリア。というのも、ドイツ系移民であり、農業や牧畜など**自給自足の生活をしているアーミッシュの人たちが住んでいる**からです。彼らは移民当時の生活様式を続け、電気や車を使いません。大都会ニューヨークから数時間とは考えられないようなのどかな景色が広がり、まるでタイムスリップしたかのような感覚になります。

### マンハッタンからの行き方

- 車で行く場合、フィラデルフィアまで約2〜3時間。そこからランカスターまでは約1時間30分ほど。
- フィラデルフィアまでは「ポート・オーソリティ・ターミナル」からバスで行くか、「ペン・ステーション」から電車・アムトラックで行く（所要時間約1時間30分）方法もあり。
- ランカスターとフィラデルフィアの観光がセットになっているツアーもある。

現地ツアーに参加するなら **Part 1**
## 時間をかけて豪華な船旅を満喫
# クルージングツアー

　ニューヨーク在住の人に人気があるのが、クルージングです。ニューヨークからはカリブ海などもさほど遠くないこともあり、船で旅に出かけることが近年、ブームにもなっています。船旅のいいところは、なんと言っても**乗船してしまえば移動がなく、のんびりと船内での滞在を楽しめる**という点。歩いて駅に向かったり、地図で次の電車の時刻を調べる必要もないため、記念日旅行で利用するお年を召したカップルや子供連れのファミリーにとくに人気のようです。

　クルーズの旅はたいてい1週間から10日間くらい。船内もトリップに含まれるため、目的地だけでなく船内でも楽しむことができます。船内のエンターテイメントはクルーズ会社によりますが、世界各国のレストランの他、屋外プール、スパ施設、カジノ、コメディショー、ミュージカルなどが設置されており、どれを選ぼうか迷ってしまうほど。ツアー内容にもよりますが、船内での食事や施設利用料などがすべて無料のものがほとんどなので、お金の心配もする必要がありません。

　**ニューヨークからの目的地はカリブ海、バハマ諸島＆フロリダ、バミューダ諸島**など、行き先も様々。出発地はミッドタウンの西にあるマンハッタンクルーズターミナル。空港のように市内から離れていないところも便利です。

船内の客室のランクによって価格もピンキリ

# 現地ツアーに参加するなら Part 2
## 空が作り出す奇跡の体験＠アラスカ
# オーロラツアー

　人生で一度は見たいオーロラですが、**アメリカのアラスカ州フェアバンクスはオーロラがもっとも発生しやすいと言われている"オーロラベルト"と呼ばれる範囲に位置しており**、オーロラ観測ができる地として世界的に知られています。そのため、ニューヨーク発のオーロラツアーも人気となっています。

　オーロラ鑑賞をするときの最大の懸念が「短い滞在期間にオーロラが見れるか」ということ。オーロラにはキレイに見える条件があり、晴れていることが重要な条件のひとつ。地域によって、オーロラが見られる条件（時期や天候）は違いますが、単純に北米は北欧に比べて晴天率が高く、なかでもアラスカのフェアバンクスは、**年間に約240日も晴れているため、オーロラ観測にはもってこいなのです**。

　そしてもうひとつ、同じく晴天率の高いカナダのイエローナイフとの違いになっているのが、アラスカのフェアバンクスにはロッジがたくさんあるため、寒い中でオーロラが出るのをひたすら待つ必要がないのです。人気なのはチェナ温泉でのオーロラ鑑賞。なお、こちらの温泉は水着で入るので、温泉に入ってから鑑賞をしたい方は水着をお忘れなく。ちなみに、アラスカでの**ベストシーズンは10月〜3月**と言われています。

　ニューヨークからの直行便はなく、JFK空港やニューアーク空港からシアトル経由が一般的。所要時間は約11時間となります。

コツ 53 NYC

# NY以外も魅力ある街が多数！アメリカの各都市へのアクセス

アメリカの東海岸に位置するニューヨーク。しかし、西海岸をはじめ、広大なアメリカには様々に魅力ある都市があります。ニューヨークだけを目的に来るのはもちろん、乗継便などを利用して、各都市経由でいくつかの都市を楽しむのもアリですね。

## ⚜ ロサンゼルス　Los Angeles

ハリウッドやビバリーヒルズなど、見応えてんこ盛りのL.A.。ハリウッド観光の中心地である巨大モール「ハリウッド・ハイランド」はもちろん、映画「ラ・ラ・ランド」でも有名になったグリフィス展望台の夜景などもおすすめ。ニューヨークよりも車社会のため、市内の移動はタクシーやウーバーが便利。

※NYからはロサンゼルス国際空港まで飛行機で約6時間半

## ⚜ サンディエゴ　San Diego

カリフォルニア州でロサンゼルスに次いで人口の多い都市。年中通して湿気も少なく、暖かい気候が特徴ですが、日差しも強いので季節に関わらず、旅行の際は紫外線対策をお忘れなく。市内のバルボア公園には動物園、博物館、美術館もあり、サンディエゴ市民の憩いの場となっている。またサンディエゴの高級リゾート地ラ・ホヤでのサンセット鑑賞もスケジュールに入れたいところ。

※NYからはサンディエゴ国際空港まで飛行機で約6時間半弱

第8章　ちょっと足を延ばしてNYからのショートトリップ

## ◘ フェニックス　Phoenix

砂漠のリゾート地として有名なアリゾナ州のフェニックス。そこから車で1時間30分ほど走ると、パワースポットとして人気を集めるセドナへ。また国立公園のグランドキャニオンや渦をまいたような巨大な光の洞窟「アンテロープ」もぜひ立ち寄りたい観光スポット。

※NYからはフェニックスのスカイハーバー国際空港まで飛行機で6時間弱

## ◘ シカゴ　Chicago

イリノイ州のシカゴはニューヨーク、ロサンゼルスに次ぐ、アメリカ第3の都市。夏がベストシーズン。冬は厳しい寒さが特徴で、ウィンディ・シティ（風の街）とも言われている。ミレニアムパーク内にある豆の形をした巨大なオブジェやウィリスタワーにはマストで訪れたい。またシカゴ名物の分厚いピザにもトライして、ニューヨークのピザと食べ比べを。

※NYからはオヘア国際空港まで飛行機で約3時間弱

## ◘ マイアミ　Miami

ニューヨーカーのバケーションの地として有名なフロリダ州のマイアミ。マイアミの中心地ともいわれ、昼夜問わず賑わっているのがサウスビーチ。昼はビーチで楽しみ、夜はオーシャンビーチ沿いのレストランやバー、クラブで遊ぶのが一般的。その他、キューバ街のリトルハバナも街歩きが楽しいエリア。

※NYからはマイアミ国際空港まで飛行機で約3時間半

# コツ 54 NYC

# NYから行く近隣国・シティ編
# 大注目のキューバ&メキシコ

● キューバ

2015年にアメリカとの国交を回復したキューバ。以前はアメリカからキューバに行くにはカナダ経由でなければなりませんでしたが、**現在はニューヨークからも直行便が出ており、抜群に行きやすくなりました。**

キューバはアメリカからの経済制裁の影響もあり、首都であるハバナでさえ何十年か前でときが止まったような雰囲気で、その**レトロな街並みが魅力**です。その象徴とも言えるのが、市内を走るカラフルなアメリカン・クラシックカー。これらはすべてタクシーで、どれも今やアメリカではなかなか見れないようなヴィンテージ車です。またモヒートの発祥の地でもあるので、ぜひ特産の葉巻&モヒートで大人な旅を楽しみましょう。

社会主義国で人々が助け合って生きているイメージのキューバの人々。治安もよく、カギをかけない家も多いと言われています。ただし、**夜は通りもさみしくなるので、夜の一人歩きは避けるのがベター**です。

公用語はスペイン語で、現地の人は英語が話せない可能性が高く、且つWi-Fi環境も今のところ、まだあまりつながらない

第8章 ちょっと足を延ばしてNYからのショートトリップ

ため、滞在先の住所などの必須事項は手書きで控えておくようにしましょう。

なお、入国にはツーリストカードが必要となります。ニューアーク空港発のユナイテッド航空の場合、航空会社のキューバ行きカウンターの近くで手続きすることができますよ。

● **メキシコ**

ニューヨークからは直行便で約5時間30分でメキシコの首都であるメキシコシティに到着します。**メキシコシティやその周辺は世界遺産が様々に集まっている**街。ラテンアメリカ最大の都市遺跡のテオティワカン遺跡や、同じく世界遺産に登録されているメキシコシティからバスで約2時間のプエブラ歴史地区には中世ヨーロッパの街並みがいまだに残されています。**カラフルな色合いの街並みはもちろん、アメリカとは違った文化に触れることができます。**

またメキシコシティは美術館、博物館の多さでもじつは世界トップクラスと言われています。入場料も日本やアメリカと比べてもリーズナブルなので、アート好きには必見です。もちろん、本場のタコスはマスト！　その他、メキシコのビールカクテル「ミチェラーダ」にもトライしてみましょう。

さらに、最近、日本からのハネムーンなどでも人気なのがビーチリゾートのカンクン。美しい海とオールインクルーシブでの豪華なホテルが人気の理由となっています。

メキシコは180日以内の滞在であれば、ビザは不要。空港で入国審査をする際は自動入国審査機で行うことができます（日本語対応可）。両替は、空港より市内の方がレートがよいので、空港では最低限の両替で済ませましょう。

# NYから行く近隣国・ビーチ編 プエルトリコ＆ジャマイカ

● プエルトリコ

スペイン語で「美しい港」という意味のプエルトリコはニューヨークから飛行機で約4時間弱のところにあるカリブ海に浮かぶ島です。以前はスペイン領でしたが、**現在はアメリカの自治連邦区となっている**ため、公用語はスペイン語ですが、通貨はアメリカドルとなっています。

世界トップクラスのビーチといわれているのが、フラメンコビーチ。フラメンコビーチは本土東にあるセイバからフェリーで1時間半、クレブラ島に着いてからも乗り合いタクシーで10分かかるため、アクセスはあまりよくないですが、**海の透明度は非常に高く、まさに透き通るようなエメラルドグリーン！**　もちろん首都サンファンのビーチも美しく、気候は年中暖かいので、時期を問わずいつでも楽しめます。また、現地ツアーのナイトカヤックもおすすめ。水中のプランクトンがキラキラ光る「バイオベイツアー（Bio Bay Tour）」は幻想的ですよ。

ビーチがメインですが、その他、世界遺産のエル・モロ要塞、コウモリのマークで有名なラム酒「バカルディ」の工場見学、旧市街地であるオールド・サンファンの歴史地区を見学したりと見どころがありすぎる